Im Zeichen der Muschel

Seid Vorübergehende!

STEFAN HOLZER

Im Zeichen der Muschel

Tagebuch meiner Pilgerreise auf dem Jakobsweg
nach Santiago de Compostela

Bibliografische Information der Deutschen Nationalbibliothek:
Die Deutsche Nationalbibliothek verzeichnet diese Publikation in der
Deutschen Nationalbibliografie; detaillierte bibliografische Daten sind
im Internet über dnb.dnb.de abrufbar.

© 2019 Stefan Holzer

Satz, Herstellung und Verlag: BoD – Books on Demand, Norderstedt
ISBN 978-3-7460-6686-8

Inhalt

Von Genf nach Santiago

Tag 1

Im Zug zwischen Basel und Genf

8.15 Uhr

Ich habe mir eben die letzten Tränen aus den Augen gewischt.

Die vergangene Woche war eine aussergewöhnliche.

Am Montag hatte ich meinen letzten Arbeitstag bei meinem alten Arbeitgeber. Es war ein komischer Tag, denn mit vielen Leuten hatte ich sieben Jahre lang sehr gerne zusammengearbeitet. Ich werde einige vermissen. Doch meine Arbeit hatte sich weiterentwickelt und ich mich auch. Leider nicht in die gleiche Richtung. Ich musste gehen, mich anders orientieren. Ich habe gekündigt, ohne eine andere Stelle zu haben.

In der Woche hatte ich dann an einem Ort mein zweites und sogar mein drittes Vorstellungsgespräch. Es waren gute Gespräche. Es blieb aber vorerst offen, ob ich dahin konnte oder nicht.

Am Sonntag ging ich mit Sarah, meiner Freundin, welche ich im Herbst vor zwei Jahren auf dem Jakobsweg von Saint-Jean-Pied-de-Port nach Santiago und Finisterre und Muxia kennengelernt habe, Bungeespringen. Ich hatte vorher schon einen Tages- und einen Nachtsprung von der Verzascastaumauer (Sprunghöhe 220

Meter) und eine aus einer Gondel (Sprunghöhe 137 Meter), bei dem man nachher in den darunterliegenden See (oder in das Boot darauf – allerdings tauchte ich drei Mal in den See) abgelassen wird, gemacht. Es war also nicht mein erster Sprung. Und mit 106 Metern von einer Brücke der tiefste. Doch es war Sarahs erster Sprung. Und für mich so was wie der Startschritt auf diesem Jakobsweg.

Am Montag – also gestern – hatte ich dann mein erstes Begleitgespräch für meine Ausbildung zum Exerzitienleiter. Ich habe Aufgaben mit auf den Weg bekommen.

Am Montag rief mich um 16.30 Uhr auch der potentielle neue Arbeitgeber an. Ich konnte nicht hingehen. Von 60 Bewerbern habe ich es auf Rang zwei geschafft. Das bringt mir letztlich so viel, wie wenn ich Rang 60 erreicht hätte. Nichts. Ich bin also frei! Nein, es belastet mich schon sehr. Wäre sehr schön gewesen, wenn ich da hätte arbeiten können und wenn ich vor den knapp sieben Wochen unterwegs gewusst hätte, was nachher ansteht.

Während ich nun aber so an Lausanne vorbeifahre, realisiere ich wieder, dass ich gerade wieder anfange, meinen Traum, einmal wenigstens in Etappen von zu Hause nach Santiago gepilgert zu sein, zu leben. Mein Ziel ist es, bisMitte November von Genf nach Saint-Jean-Pied-de-Port zu gehen. Wenn ich dies schaffe, bin ich schon sehr glücklich. Wenn ich etwas schneller bin, habe ich auch schon Varianten im Hinterkopf.

Nach der schlechten Nachricht wegen meines Jobs ist der Abschied von meiner Freundin umso schwerer gefallen. Leider kann sie nicht mitkommen. Sie wohnt auch nicht bei mir. Aber gestern Abend kam sie extra noch zu mir und schlief dann auch bei mir. Sie brachte mich heute Morgen zum Zug. Ich werde sie sehr vermissen. Ich vermisse sie jetzt schon. Sie hat mir einen Brief zum Lesen mitgegeben, welchen ich eben las. Der Brief ist so schön! Ich musste weinen.

Col du Mont Sion – Hôtel Rey

16.00 Uhr

Bin hier in einem schicken Hotel abgestiegen. Etwas Billigeres gab es hier nicht. Aber ich bin heute Abend für mich in meinem Einzelzimmer und erhalte Abendessen und Frühstück. Hat ja auch was.

Wollte eigentlich weiter gehen. Kam heute auf knapp 23 Kilometer. Eigentlich bin ich nicht um 5.00 Uhr morgens aufgestanden, damit ich diesen Tagebucheintrag schon um 4.00 Uhr machen kann.

Aber ich konnte nicht mehr. Das Ganze belastet mich doch sehr. Ich muss mich zusammenreissen. Ich lebe hier einen Traum, den ich lange geträumt habe, und blase nur Trübsal. Mehrmals habe ich an einen Abbruch gedacht.

Nun dusche ich mal, esse (hoffentlich) was Gutes, schlafe meinen Schlafmangel etwas aus und hoffe, dass meine Stimmung anders wird.

Die Strecke war abwechslungsreich. Vorbei an der katholischen Basilika und der Kathedrale ging es durch Genf – immerhin die zweitgrösste Stadt der Schweiz (trotzdem aber natürlich keine riesige Stadt – ich wollte zuerst Weltstadt schreiben, das wäre aber falsch, denn eine Weltstadt ist Genf mit seinem UNO-Sitz). Und spätestens seit Paulo Coelhos letztem Buch »Untreue« dürfte sie jetzt auch weltweit bekannt sein.

Sobald ich aber die Stadt verlassen hatte, war es auf einen Schlag sehr ländlich. Pferdegehege folgten auf Kuhweiden.

Speziell war es auch, die Grenze zwischen der Schweiz und Frankreich zu Fuss zu überschreiten. Zu Fuss das eigene Land zu verlassen. Natürlich hatte ich das auch schon getan. In den Bergen, zum Beispiel bei der Überquerung des Monte-Rosa-Massivs, übernachtet man öfter mal in italienischen Hütten, um dann Grenzgipfel oder gar Schweizer Gipfel zu besteigen. Auch nach der Besteigung des Piz Bernina über den Biancograt habe ich in einer italienischen Hütte übernachtet und am nächsten Tag die Palü-Überschreitung und den Abstieg zur Diavolezza im Engadin gemacht. Und auf Wanderungen in unserer Region (Nordwestschweiz) verlässt man hin und wieder die Schweiz und geht nach Frankreich oder Deutschland, nur um ein Ziel in der Schweiz zu erreichen. Mit einem Kunden in Kleinhüningen überquerten wir öfters zu Fuss die Grenze nach Deutschland, um in Weil einen Döner zu essen. Trotzdem war diese Grenzüberschreitung speziell, denn ich habe sie nicht in der Absicht gemacht, kurz darauf wieder in die Schweiz zurückzukehren, sondern in der Absicht, ganz Frankreich bis Saint-Jean-Pied-de-Port zu durchqueren.

18.30 Uhr

Geduscht. Geschlafen. Die Einführung in mein Hausaufgabenbuch für die Ausbildung zum Exerzitienleiter gelesen. Die nächsten 15 Wochen sollte ich mir täglich 25 Minuten für eine Übung freihalten. Bin gespannt.

Heute geht es dabei darum, das Vaterunser langsam Wort für Wort zu beten und dabei bei jedem Wort zu schauen, was mir dieses bedeutet. Ich werde das nach dem Essen machen. Essen gibt es um 19.30 Uhr. Jetzt lege ich mich nochmals hin.

20.30 Uhr

Das Essen war in einem noblen Restaurant und es hielt, was das Aussehen des Restaurants versprach. Es war ausgezeichnet. Jeden Abend kann ich nicht so logieren und speisen. Gewisse Pilger aus dem Internet – in den Foren und Gruppen – würden mich schon jetzt nicht mehr als Pilger bezeichnen. Für sie geht ein richtiger Pilger zwischen 20 und 25 Kilometer am Tag, übernachtet immer in Herbergen und nie in einem Hotel. Strengstens untersagt ist die Benutzung von Verkehrsmitteln, obwohl sie meistens irgendwie zum Ausgangsort reisen und spätestens ab Santiago wieder die Heimreise mit dem Flugzeug antreten. Man darf auch nichts Spezielles ausprobieren. Als ich mal gefragt habe (für meine Vorbereitung), wie viele Kilometer man so am Tag machen könne, wurde ich gefragt, ob ich das wirklich noch als Pilgern sehen würde, das sei doch eher eine Olympiade. Es gibt also Pilgerpolizisten, die überwachen, wer Pilger ist und wer nicht. Ich habe mal im Lexikon nachgeschaut, was ein Pilger ist. Ein Pilger ist jemand, der aus religiösen Gründen in der Fremde ist. Meist geschieht dies als Wallfahrt zu einem heiligen Ort. Der Pilger kann zu Fuss, aber auch mit Verkehrsmitteln unterwegs sein. Ich bin also ein Pilger. Ob jeder Pilgerpolizist so gesehen ein Pilger ist, weiss ich nicht. Es ist mir auch egal. Sorry. Heute war nicht mein Tag.

Übrigens: Pilger habe ich heute wenige gesehen. Ich habe mal eine ganze Pilgergruppe überholt. Das war's.

Tag 2

Frangy

13.15 Uhr

Sitze hier in Frangy in einer Pizzeria. Hatte eine kleine Pizza Napoli.

Trotz des Nebels kam ich recht ins Schwitzen. Die Landschaft hier ist hügelig und erinnert mich an zu Hause – den heimischen Jura.

Pilger habe ich heute noch nicht angetroffen. Diesen

Sommer las ich oft im Internet, dass der Camino Francés völlig überfüllt sei und auch auf dem Küstenweg keine Ruhe mehr zu finden sei. Hier kann man noch einsam pilgern und sich in seine Gedanken zurückziehen. Ich geniesse das im Moment. Manchmal bin ich gerne etwas alleine. Im Moment ist das so. So kann ich die Absage von vorgestern verarbeiten. Trotzdem finde ich es schade, dass so viele sagen, der Camino Francés sei hoffnungslos überlaufen. Als ich den Weg vor zwei Jahren gemacht habe, war er voll, aber nicht überlaufen. Ich genoss es, immer wieder mit Leuten aus verschiedensten Ländern gute Gespräche haben zu können. Und ich fand meine Freundin. Ach, ich vermisse sie! Ich suchte damals Einsamkeit und fand viele tolle Leute und meine Freundin. Deshalb habe ich mir für dieses Mal vorgenommen, nichts zu suchen. Ich gehe den Weg. Er wird mir schon zeigen, was ich dieses Mal zu lernen habe.

Pont du Fier

18.15 Uhr

Heute habe ich ein Zimmer in einem Gästehaus bei Pont du Fier. Oder ich sollte das Einzelzimmer noch erhalten. Es muss noch fertig geputzt werden. Im Moment warte ich an einem Tisch vor meinem Zimmer, trinke Cola Zero (ich! – es gab nichts anderes) und warte darauf, dass ich meine Dusche geniessen kann.

Der Nachmittag war hart. Die Sonne schien und es

war sehr warm. Seit demMittagshalt gab es keinen Ein-
kaufsladen und kein Restaurant. (Das Restaurant hier
hat auch geschlossen, es wird also kein Abendessen geben.) Die Zunge klebte richtig im Mund. Nur an einem
Ort gab es eine Wasserstelle. Bei dieser Wasserstelle gab
es ein Schild, welches sagte, dass es noch drei Stunden
bis hierher seien. Als ich die Strasse überquert hatte, sagte
ein Schild, dass es noch zwei Stunden und zehn Minuten seien. Ich ging zurück. Drei Stunden. Die Wahrheit
lag dann irgendwo in derMitte. Das Brutalste aber war,
dass ich halbverdurstet an einer Feldbewässerungsanlage
vorbeiging. Ich konnte sie nicht nutzen, denn auf dem
Feld daneben hatten die Bauern ein Gartenbeet, welches
sie gerade bearbeiteten.

Habe heute insgesamt 37,7 Kilometer zurückgelegt.

Das Steinarmband, welches mir Sarah geschenkt hat,
ist weg. Ich muss es irgendwo zwischen hier und Frangy
verloren haben. Wahrscheinlich als ich meine Jacke aus-
zog. Das macht mich etwas traurig.

Tag 3

Chanaz

12.45 Uhr

Chanaz ist ein wunderschöner kleiner Ort, der direkt
an einem Kanal liegt, welcher von der Rhone zu einem
See führt. Nach langen Stunden in der einsamen Land-

schaft ist es hier sehr touristisch. Aber mir gefällt es. Der Ort hat eine schmucke Lieblichkeit. Wurde eben von einem Mann, der von einem Touristenboot (man kann hier Rundtouren machen) kam, gefragt, ob ich auf dem Jakobsweg sei. Er selber ist wohl vor Jahren von Le Puy nach Santiago gewandert.

Die Wanderung hierher war ebenfalls sehr schön. Sehr oft war der Wanderweg direkt an der Rhone. Ich mag Flüsse. Sie haben etwas Beruhigendes. Sie sind immer anders und immer gleich. Zudem war es entlang der Rhone im Gegensatz zu den vergangenen Tagen naturgemäss nicht hügelig. Und meistens verlief der Wanderweg trotzdem im Schatten spendenden Wald, welcher sich bis an das Ufer der Rhone erstreckte.

Eine Zeit lang gab es viele grosse Pfützen. Immer wieder platschte etwas in diese Pfützen. Als ich genauer hinsah, sah ich, dass das viele kleine Frösche waren, welche sich in den Pfützen vor mir versteckten.

Einmal begegnete ich einer Frau, die mit ihrem Hund Gassi ging. Sie im Auto hinter dem Lenker, der Schäferhund ausserhalb des Autos. Sie wusste nicht, was sie verpasste.

Während ich hier mein Zitronenwasser schlürfte, wurde mir eine riesige Pizza gebracht.

Yenne – Hôtel Le Fer à Cheval

19.00 Uhr

Es ist nicht so, dass ich Pilgerherbergen nicht schätze. Ich schätze sie eigentlich sehr. Nur habe ich hier keine gefunden, obwohl in meinem Pilgerführer für diesen Ort gleich mehrere verzeichnet sind. Und auf dem Zeltplatz im Zelt wollte ich heute nicht übernachten, obwohl dies gestern Nacht noch durch meinen Kopf ging. Und in den beiden Orten, wo ich gestern und vorgestern war, gab es gar keine Pilgerherberge. Nun bin ich halt wieder in einem günstigeren Hotel. Das Frühstück wird morgen um 7.00 Uhr serviert, auf das Abendessen habe ich verzichtet. Ich denke, spätestens ab Le Puy werden dann die Pilgerherbergen wieder aktueller. Im Moment schätze ich auch einfach meine Ruhe – obwohl ich nicht sicher bin, dass ich die in einer Herberge nicht hätte, denn ich habe noch immer keinen Einzelpilger gesehen.

Der Weg führte mich am Nachmittag zuerst lange durch Rebberge. Es wurde wieder sonnig und warm. Der Durst machte sich bemerkbar, konnte aber diesmal besser gelöscht werden, da es in den vielen kleinen Dörfern doch hin und wieder einen Brunnen gab. Einmal ging es mir dann doch zu lange. Ich fragte eine Kindergärtnerin, die gerade mit ihren Kindern ausserhalb des Kindergartens war, ob sie mir Wasser geben würde, und habe zwei grosse Becher voll Wasser erhalten.

In den Reben wurde gerade oft geerntet. Ganze Mannschaften waren daran, die Trauben zu pflücken. Teilweise hing der Duft von frisch gepressten Trauben in der Luft. Traubensaft oder Sauser wurde aber leider nie angeboten.

Gleich nach den Reben kam ich zur Kapelle Saint Romain, von der man eine berauschende (trotz des fehlenden Sausers) Aussicht runter auf die Rhone und Yenne, den Zielort der heutigen Etappe, hat. Danach verlief der Weg kurz steil in Serpentinen abwärts und dann für die letzte Stunde der heute bewältigten 34,6 Kilometer wieder der Rhone entlang. Ich war schon öfters an der Quelle der Rhone – nun habe ich sie auch als ausgewachsenen Fluss gesehen. Beides ist sehr beeindruckend.

Kurz vor Yenne kamen mir dann vier quasselnde Spaziergängerinnen entgegen. Etwa 200 Meter später sah ich eine völlig saubere Visa-Karte auf dem Boden liegen. Die Besitzerin machte grosse Augen, als ich sie ihr in die Hände drückte. Wie ich wusste, welcher der vier Damen die Karte gehörte, weiss ich selber nicht.

Tag 4

St-Maurice-de-Rotherens

12.00 Uhr

Sitze auf einer Bank vor der Kirche. In der Kirche gibt es ein Buch, in dem sich Pilger verewigen können. Es gibt andere Pilger auf diesem Weg!

Der Weg hierher verlief bis vor etwa einer Stunde mit

vielen Höhenmetern nach oben. Es war meist ein angenehmer schmaler Waldpfad, oft auch ein auf Steinen verlaufender Bergweg. Der schweisstreibende Aufstieg wurde immer wieder durch eine fantastische Aussicht runter auf die Rhone belohnt. Er verlief praktisch nur im Wald und war sehr einsam. Bis ich vor etwa einer halben Stunde einen kleinen Weiler durchquerte, habe ich auf dem gesamten Weg seit dem Verlassen von Yenne nur einen Pilzsammler gesehen, der mich auch prompt fragte, ob ich auf dem Jakobsweg sei. In einer verlassenen Jagdhütte konnte ich meinen Wasservorrat erneuern. Ich habe am ersten Tag meine Trinkflasche verloren – jetzt habe ich einfach eine leere Pet-Colaflasche zur Wasserflasche umfunktioniert.

La Petite Halte de Jacques

13.15 Uhr

In einem baufälligen Abstellhaus gibt es hier kurz nach Gresin etwas zu trinken und kleine Leckereien, die wirklich gut schmecken. Man kann hier auch günstig Jakobsmuscheln kaufen. Ich habe dies getan und bin ab sofort auch an der Muschel als Jakobspilger erkennbar.

In der Kirche in Gresin habe ich ein Versprechen erfüllt und für einen Pilger eine Kerze angezündet. Er hat sich vor ungefähr einem Jahr das Leben genommen, nachdem sein Projekt, für arbeitslose Jugendliche Pilgerreisen anzubieten, an der Politik scheiterte. Wäre sicher eine sehr gute Sache gewesen. Leider habe ich ihn nie persönlich kennengelernt. Als ich in die Kirche eintrat, wurde ein automatischer Auslöser betätigt und in der Kirche wurde das Halleluja gespielt.

Les Abrets

19.15 Uhr

Die restlichen Kilometer des heute 39,2 Kilometer langen Weges waren unspektakulär und häufig auf Teer und daher auch recht mühsam.

Etwa drei Kilometer vor Schluss schenkte mir ein Baum einen Apfel, indem er ihn direkt vor meine Füsse fallen liess. Der Apfel war so gut, dass ich nicht mehr richtig auf die Markierungen achtete und deshalb etwa die letzte halbe Stunde auf der viel befahrenen Hauptstrasse ins Dorf trottete.

Die heutige Unterkunft ist speziell. Ich bin in einem Chambre d'hôtes. Dachte, dass sei so was wie ein billiges Hotel. In Wirklichkeit habe ich aber ein Zimmer im Haus einer netten alten Dame. Ich darf ihr Badezimmer mitbenutzen. Das Duschen ist mir nicht wirklich leichtgefallen. Ich geniesse duschen! Aber die Dusche hier ist eigentlich eine kleine Badewanne, welche auf der einen Seite die Dachschräge und auf der anderen Seite keinen Duschvorhang hat. Ich kniete mich also in die Badewanne und versuchte zu duschen, ohne alles vollzuspritzen. Die Gastgeberin ist Engländerin, was mich freute, da ich endlich mal von meinem stockenden Französisch, welches verwunderlicherweise vorgestern sogar von der Gastgeberin gelobt wurde, in ein etwas fliessenderes Englisch wechseln konnte.

Bei meiner Exerzitienübung soll ich mich heute in einen Frühsommertag auf einer Wiese liegend versetzen. Ich soll dies mit allen Sinnen aufnehmen. Ich weiss auch schon, auf welche Wiese ich mich versetzen werde. Bei mir zu Hause in der Nähe gibt es eine wunderschöne Wiese mit vielen uralten Eichen. Nur hört man da nicht diese englischen Fernsehsendungen mit dem ständigen Gelächter im Hintergrund.

Tag 5

7.15 Uhr

Ich hatte eine wundervolle Nacht. Irgendwie hat mich dies alles hier in meine Jugend zurückversetzt, als ich für 17 Wochen in England einen Sprachaufenthalt machte und bei einer Gastfamilie wohnte. Nur wurde hier nicht im ganzen Haus geraucht und es gab Croissants zum Frühstück!

Le Pin

11.15 Uhr

Das obligatorische selbstgemixte Spezi war fällig. Cola ist kein Problem, statt Fanta muss man hier meistens Orangina nehmen. Wirklich erfrischend.

Heute Morgen habe ich schon ziemlich früh fünf Rehe gesehen. Sie flüchteten hinter ein Maisfeld. Ich ging weiter, der Weg machte einen Bogen und ich war hinter dem Maisfeld. Da waren sie wieder! Sie standen zuerst kurz wie erstarrt da, dann sprangen sie in anmutigen Sprüngen davon.

Die Stille dieser Landschaft lässt mich ganz auf mich besinnen. Ich muss mit mir klarkommen, ich muss mich lieben. Und dann gibt es da noch einige, welche mich bedingungslos lieben. Meine Eltern. Sarah. Mein vor Jahren verstorbener Grossvater, in dessen Wohnung ich nun lebe und der für mich wie ein zweiter Vater und ein bester Freund war. Seine Präsenz habe ich heute teilweise so stark und nah neben mir gespürt, dass ich kilometerlang weinend wanderte. Dann sind da noch wenige andere, die mich bedingungslos lieben. Die Meinung aller anderen kann mir letztlich egal sind. Ich versuche, sie trotzdem zu lieben.

Bei jeder Kirche, an der ich vorbeikomme, gehe ich kurz rein. Spreche ein Gebet. Sauge die Atmosphäre auf. Diese Stille in der Stille. Dieses Getragensein. Diese Gewissheit, dass da noch einer ist, der mich bedingungslos liebt.

Einmal stand heute auf der Strasse in deutscher Sprache: »Du bist auf dem richtigen Weg.« Kurz darauf dröhnte von einem einsamen Bauernhof der Song von Opus »Live is life«!

Le Grand-Lemps

14.30 Uhr

Sitze auf dem Boden vor der Kirche mit einer eben gekauften Cola.

Es ist passiert.

Als ich in Le Pin mein Spezi trank, sah ich eine Frau mit Rucksack. Am Rucksack hingen Wandersandalen, in der Hand hatte sie eine grosse Kamera. Verdächtig.

Später sah ich sie an eine Mauer gelehnt im Gras sitzen und Sonne tanken. Sie war etwa in meinem Alter. Sie hatte ein gelbes Buch in den Händen, auf dem Jakobus abgebildet war. Ich sagte: »Bonjour«, und ging weiter.

Eine halbe Stunde später holte sie mich ein. Sie ist aus Genf, konnte von ihrem Haus aus starten, braucht etwas Zeit für sich und hat zwei Wochen Zeit, um nach Le Puy zu gehen. Sie war einen Tag vor mir gestartet und hatte schon andere Pilger gesehen. Zwei Österreicher, welche in Österreich gestartet waren und nach Santiago wollen, einen Deutschen, der in Konstanz anfing und nach Santiago wolle und ein Ehepaar aus Neuchâtel, dass fünf Wochen Zeit hatte und sehr gemütlich unterwegs war und einfach mal schaute, wie weit es kam. Die

Genferin war offensichtlich fit wie ein Turnschuh. Nach einer halben Stunde liess ich sie ziehen. Bin ja nicht auf der Flucht, will auch die Landschaft geniessen.

Etwas später überholte ich beim Abstieg zwei Frauen und einen Mann. Sie kamen eben hier vor der Kirche wieder auf mich zu. Auch sie waren in Genf gestartet. Sie hören hier auf. Sie sind aus Australien. Immer wenn sie in Europa Ferien machen, gehen sie auch eine Woche auf dem Jakobsweg. Unter anderem gingen sie auch schon von Le Puy nach Conques. Interessante Art zu pilgern!

La Côte St-André – Hôtel de l'Europe

18.45 Uhr

Nach insgesamt 40,6 Kilometern freue ich mich jetzt nur noch auf die Dusche und etwas Warmes für in den Magen – die letzte warme Mahlzeit war die Pizza vorgesternMittag.

Aber das Gehen am Nachmittag hat etwas für sich: Man geht gemütlich, den inneren Schweinehund überwindend, der untergehenden Sonne nach.

Tag 6

Faramans

9.45 Uhr

Es ist Sonntag. Habe mir eben in einer Bäckerei etwas zu trinken und Croissants gekauft und geniesse nun mein Frühstück in einem Häuschen auf dem Dorfplatz.

Mit der Ruhe war es aber erst mal vorbei. Überall kläffte, bellte und jaulte es. Dies wurde begleitet von einem Schusskonzert, welches aus der ganzen Landschaft zu kommen schien. Die Wochenendjäger waren unterwegs. Zuerst hat mir das schon etwas Respekt eingeflösst, doch dann sah ich, wie die Kühe weiterhin seelenruhig grasten und auch die Pfauen, die ich auf einem Hof sah, schienen nicht sonderlich aufgeregt. Ich schritt also tapfer weiter.

An einem Sportplatz war ein Treffen von Bikern. Sie zeigten da ihre Motorräder zur Schau und man konnte Ersatzteile kaufen. Viele der Biker entsprachen genau dem Bild dieser Rocker/Motorradfahrer, wie man es sich vorstellt. Es waren also nicht alle harten Kerle auf der Jagd. Aber das wusste ich ja eigentlich schon.

Dann kam ich noch an einem idyllischen kleinen See vorbei. Hier wurde gefischt. Fürs Essen sollte also heute gesorgt sein. Wenigstens machten die Fischer keinen Lärm.

Jagdhütte irgendwo am Waldrand

15.15 Uhr

Gestern Abend sahen meine Exerzitienübungen vor, für eine halbe Stunde beim Ein- und Ausatmen jeweils »Jesus« zu denken. Da im Buch auch stand, dass sich das auch gut für lange einsame Spaziergänge eigne, habe ich es auf heute verschoben. Vor einer Stunde fing ich an und verlängerte dann die halbe Stunde bis jetzt, also auf eine Stunde. Zwischen Rapperswil und Einsiedeln sah ich auf dem Jakobsweg mal ein Schild mit der Aufschrift: »Pilgern heisst Beten mit den Füssen.« Das Jesusgebet verstärkt das noch. Es fügt dem Ganzen den Atem hinzu und macht den Kopf frei. Wundervoll! Wiederholungsgefahr.

St-Romain-de-Surieu

19.15 Uhr

Bin in einer Gîte in einem Zweibettzimmer, das ich für mich alleine habe. Bin gerade angekommen. Um 19.30 Uhr gibt es Essen. Ich sollte vorher noch duschen …

22.00 Uhr

Die Gîte heisst »Une Pause sur la Colline« und was die in einer Viertelstunde auf den Tisch zaubern konnten, war genial. Gîtes sind ja die Herbergen, also Massenunterkünfte. Heute bin ich allerdings alleine. Habe das Abendessen zusammen mit dem Ehepaar eingenommen, welches die Gîte führt. Spannend. Hier kann man im Sommer auch in Tipis übernachten und man kann auch Paintball spielen.

Habe anschliessend mit Sarah telefoniert. Tat einerseits gut, sie zu hören, machte mich andererseits aber auch traurig, weil es mich an die Situation zu Hause erinnert hat und ich Sarah vermisse.

Irgendwo auf den heute zurückgelegten 41,4 Kilometern stand auf Deutsch auf der Strasse: »Der Weg ist unser Ziel.« Dem stimme ich voll zu. Der (Jakobs-)Weg ist genial! Er hat mir vor zwei Jahren nach jahrzehntelangem Dasein als Single gezeigt, was wahre Liebe ist. Ein Jahr später auf dem Camino Inglés mit Sarah erfuhr ich dann, wie schön es ist, mit seiner grossen Liebe auf dem Weg zu sein. Ich liebe diesen Weg! Ich verdanke ihm so viel!

Und trotzdem bin ich der Meinung, dass das nur die halbe Wahrheit ist. Wenn man auf einem Jakobsweg ist, bewegt man sich immer Richtung Santiago. Eine meiner Lieblingsstädte. Meine Schicksalsstadt. Selbst wenn ich jetzt nach Saint-Jean-Pied-de-Port gehe und sogar wenn ich auf einem Jakobsweg in der Schweiz für nur einen Tag pilgere, die Ausrichtung bleibt klar Santiago! Das

Ziel ist also immer auch Santiago. Und irgendwo noch die rote Sonne, welche in Finisterre im Meer untergeht und die herrlichen Steine in Muxia.

Und da ich zudem diesen Nachmittag lieber auf dem Weg wilde Brombeeren und Baumnüsse statt neben dem Weg Café con leche genossen habe, kommt jetzt dann gleich eine Pilgerpolizistin und schlägt mir eins auf die Rübe.

Tag 7

8.00 Uhr

Habe noch gemütlich mit den Herbergsleuten gefrühstückt und festgestellt, dass ich mit meinen Französisch-Brocken ganze Unterhaltungen führen kann.

Im Wald

9.30 Uhr

Ich glaube, ich habe tatsächlich mal irgendwo ein Buch mit dem Titel »How to shit in the woods« gesehen …

Chavanay

13.30 Uhr

Die Strecke hierher war flach und eher ereignislos. Einzig die Überquerung der Rhone wusste zu begeistern. Sie war zwar auf der breiten Autobrücke, auf der für Fussgänger auf der Seite nur knapp Platz gelassen wurde. Aber das Spiel der Sonne in den vom tosenden Wind in der nun doch recht breiten Rhone erzeugten Wellen war genial!

Habe etwas Kopfschmerzen.

Sitze in einer Bar, in der ich mir mein Spezi mischen konnte, leider aber kein Essen erhalten habe. Habe aber Gummibären gesichtet …

Meine Mutter ging mir heute Vormittag nicht aus dem Kopf. Deshalb habe ich sie angerufen – habe mir vorgenommen, sonst so einmal die Woche mit Sarah und gelegentlich auch mit meiner Mutter zu telefonieren. Als sie abnahm, kam sie gerade zurück aus der Notfallaufnahme im Spital. Sie hat schon länger starke Schmerzen an den Hüften und vor wenigen Wochen entsprechende Schmerzmittel erhalten. Nun hatte sie heute Morgen starke allergische Reaktionen auf die Schmerzmittel. Stark juckende Haut und Ausschläge. Sie hat Gegenmittel erhalten. Es geht ihr wieder besser. Ich denke an sie.

Le Buisson

17.30 Uhr

Sitze vor verschlossener Gîte. Wollte trotz mehrfacher Anregungen nicht voraustelefonieren, um eine Gîte zu buchen. Wollte mir die Freiheit nicht nehmen lassen. Die nächste Unterkunft ist nicht weit. Im nächsten Dorf. Habe angerufen. Es nahm nur ein Kind ab, das keine Ahnung hatte. Da muss ich nun durch!

Maclas

18.15 Uhr

Das Kind war eine Sackgasse. Also habe ich es nochmals bei der Telefonnummer der Gîte probiert. Bevor ich beim Kind anrief, kam da bereits zwei Mal der Telefonbeantworter. Jetzt nahm jemand ab. Ich musste etwa einen Kilometer zur Kirche von Maclas gehen (liegt eigentlich nicht am Weg). Dort hat mich ein Junge abgeholt und zu seiner Mutter gebracht. Ich bin jetzt in einem wunderschönen Haus einer Architektin in einem kleinen, aber feinen Zimmer mit eigenem Bad und WC. Es gibt sogar Abendessen. Danke!

Konsequenz? Ich weiss es noch nicht. Das Buchen geht mir halt schon gegen den Strich. Doch heute wäre ich am Axxxx gewesen, wenn ich nichts gefunden hätte – Gewitter ziehen auf. Ist das also ein Zeichen, dass ich buchen soll? Oder ein guter Weg, mich im Gottvertrauen zu üben?

Tageskilometer (inkl. Zusatz): 30

21.15 Uhr

Hatte das Abendessen mit Mutter und Sohn. Es gab eine lokale Spezialität, dessen Namen ich nicht wirklich verstanden habe. Aber es schmeckte sehr gut. Dazu Rosé-Wein und dann Käse und Trauben. Die Unterhaltung war wieder sehr interessant. Die Frau hat den Jungen aus Madagaskar adoptiert. Sie geht den Jakobsweg in Tagesrationen. Sie hat mir die Entscheidung abgenommen und meine Unterkunft für morgen reserviert.

Tag 8

St-Julien-Molin-Molette

10.45 Uhr

Die Leute hier auf dem Weg sind bisher extrem nett. Schon mehrmals hat mich ein Auto angehupt und als ich dann zum Auto schaute und einen Stinkefinger oder Ähnliches erwartete, wurde mir zugewinkt oder es wurde mit dem Daumen nach oben gezeigt. Immer wieder wird man auch nach dem »Bonjour«, welches eh klar ist, in ein kurzes Gespräch verwickelt, man wird gefragt, ob man auf dem Jakobsweg sei und erhält gute Wünsche für den weiteren Weg. Eben habe ich zum Beispiel von einem Bauern erfahren, dass er vor etwa einem Jahr in Basel war, weil sein Sohn eine Frau aus Mulhouse geheiratet habe. Diese Begegnungen sind zwar nur kurz, aber sehr schön, wie das Salz in der Suppe.

Les Sétoux – Gîte d'étape le Combalou

21.15 Uhr

Die rund 34,5 Kilometer heute hatten es in sich. Es waren viele Höhenmeter zu überwinden. Die Landschaft entlohnte aber sehr dafür. Der Weg verlief zum Teil auf einer ehemaligen Zugstrecke, von der aber die Gleise demontiert worden waren und die geteert wurde. Trotzdem sah man immer wieder die alten Zugtunnel und über das Viaduc de la Poulette (heisst wirklich so!), eine alte Eisenbahnbrücke, musste man sogar gehen. Auch das Gehen durch die Tannenwälder und immer wieder der Blick nach unten waren genial.

Schon in St-Julien-Molin-Molette traf ich auf einen anderen Pilger. Den ersten seit den Australiern. Er war ein Schweizer aus dem Mittelland. So um die 50 Jahre alt.

Wir gingen sicher etwa sechs Stunden gemeinsam auf dem Weg. Wobei wir davon gute 1,5 Stunden in Bourg-Argental in einem Restaurant verbrachten und Bier (er) und Spezi (ich) tranken. Er war vor zehn Tagen irgendwo zwischen Genf und hier gestartet und hat bis Ende Oktober Zeit. Er nahm den Weg unter die Füsse, weil er eine schlechte Zeit hinter sich hat und so einen neuen Lebensabschnitt einläuten will. Er möchte gerne Conques erreichen. Ich glaube, er kommt weiter. Er erzählte mir viel Interessantes. Vom Bau von Lehmhäusern, Kathedralen und Dudelsäcken bis zu Dingen über Vegetarier, was er mal selber für ein knappes Jahr ausprobiert hatte. Ich erzählte ihm vom Feuerlaufen und Bungeespringen. Wir diskutierten darüber, wie es ist, eine jüngere Freundin zu haben – er hatte bis vor etwa drei Jahren für ein gutes Jahrzehnt selber eine viel jüngere Freundin – und warum die Bäuche beim Pilgern trotz des vielen Gehens nicht kleiner werden und über vieles mehr. Bei einem ausgedienten Bahnhof liess er mich ziehen. Er hatte genug Höhenmeter für einen Tag.

Ich ging alleine weiter bis hierher, wo ich aber wie abgemacht zuerst in das Restaurant ging, da ich etwas spät dran war. Da waren nur an einem Tisch Leute. Sie sahen verdächtig wandermässig aus. Und tatsächlich! Es waren alles Pilger! Alle aus der Schweiz. Ein Westschweizer, der schon mal von Le Puy nach Santiago gepilgert war. Ein Ehepaar, das immer wieder für eine Woche auf den Jakobsweg ging und so von Konstanz bis hierher gekommen war. Und zwei junge Frauen, die genau dasselbe machten. Sie hatten mal als Fünfergruppe angefangen – nun waren sie noch zwei. War schön, mit ihnen allen bei einem netten Abendessen zu schwatzen. Leider wird niemand von ihnen viel weiter als bis Le Puy gehen.

Ich bin dann mal voraus in die Gîte gegangen, um zu duschen, Tagebuch zu schreiben und meine Exerzitienübung zu machen. Wir sechs werden heute in einem Schlafsaal für 14 Leute übernachten. Das erste Mal auf diesem Weg, dass ich nicht alleine übernachte.

Tag 9

7.30 Uhr

Das Bett war steinhart. Musste mich immer wieder drehen, damit es nicht schmerzte. Konnte zum Glück trotzdem etwas schlafen.

Da ich manchmal schnarche, hatte ich etwas Respekt vor dieser ersten Herbergsübernachtung mit anderen Leuten auf dieser Tour, zumal alles Schweizer waren und sich also alle gut (und für mich verständlich) hätten beschweren können und gestern noch einige von der Schwierigkeit zu schlafen, wenn andere schnarchen, berichtet hatten. Der Respekt war nicht wirklich nötig, denn jeder und jede in diesem Raum gab Schlafgeräusche von sich.

Tence

15.45 Uhr

Bin heute Vormittag mit dem Westschweizer gelaufen. Er ist ein sehr interessanter Mensch. Er war mal Bundeshauskorrespondent für das Westschweizer Fernsehen und musste aufgrund seines Berufes über 15 Mal umziehen. Er arbeitet immer noch für das Westschweizer Fernsehen. Wenn er in Le Puy ist, hat er den Weg von sich zu Hause nach Santiago vollständig. Das Gespräch mit ihm erleichterte mir den Weg über die vielen Hügel und durch die wundervollen Tannenwälder dieser Gegend sehr. Da er auch leidenschaftlicher Pilzsammler ist, hat er mir einiges zu den Pilzen, welche wir unterwegs angetroffen haben, erklären können. Er wird jetzt hier in einem Hotel übernachten. So ist der Weg manchmal, man findet wunderbare Menschen, hat sehr interessante Gespräche und muss sie dann irgendwann wieder ziehen lassen. Letztlich wie das Leben, nur im verdichteten Zeitraum.

St-Jeures – Chambre d'hôtes Le Fougal

21.00 Uhr

Ich liebe das Gehen und die Diskussionen mit anderen Pilgern. Doch das einsame Gehen in den Abend hinein ist unbezahlbar.

Wieder mal stand ich bei der Gîte vor verschlossener Türe. Doch dieses Mal war es einfacher, da es im selben Ort noch ein Chambre d'hôte gab. Das kannte ich ja eigentlich schon – ein Gästezimmer mit Familienanschluss. Nur dass es hier gleich drei solcher Zimmer gab. Im ersten schläft (oder was auch immer er gerade tut) ein französisch sprechender Kanadier, im zweiten ein Ehepaar aus Dresden und im dritten ich. Das Essen mit diesen drei Pilgern und den beiden Gastgebern war sehr gut und interessant, auch wenn ich für die Dresdner einiges übersetzen musste.

Tageskilometer: 36,8

Tag 10

St-Julien-Chapteuil

12.45 Uhr

Die Landschaft hier ist faszinierend. Immer wieder ragen längst erloschene Vulkane aus der Landschaft. Besonders schön fand ich ein kleines Dörfchen, hinter dem sich ein Basaltfelsen erhebt. Fast schon kitschig. Fast schon, als sei man plötzlich in eine Modelleisenbahnwelt hineinversetzt worden.

Noch etwas anderes hat mir heute den Atem verschlagen. Ich wurde von einem Hund angegriffen. Immer wieder schnappte er nach meinem Bein. Ich versuchte, ihn nicht zu beachten, doch es wurde lästig und schmerzhaft. Ich ging weiter, immer weiter. Irgendwann liess er nach und trottete zurück. Ich ging noch etwas weiter, dann kontrollierte ich mein Bein. Es schmerzte zwar – es schien aber alles ganz geblieben zu sein. Da kam die Briefträgerin in ihrem Auto angefahren. Der Hund sprang am Auto hoch und kläffte wie blöd. Kurz vor mir drehte er zum Glück um. Dieser Scheiss-Köter!

Und welcher schwachsinnige Hundehalter liess seinen durchgedrehten Köter unbeaufsichtigt auf dem Jakobsweg stehen!?

Auf diesen Schreck habe ich mir nun ein Steak gegönnt. Nächstes Mal gibt es Hot Dog!

Da kommt mir etwas in den Sinn, das gestern passiert ist. Passt zum heutigen Wetter und zu meinem Gemütszustand. Aber ich muss noch etwas gehen   Der Westschweizer und ich überholten mal kurz drei Pilger/-innen aus Alaska. Da sagte die eine Pilgerin zu mir: »Il a beaucoup de vin!« Ich antwortete voller Vorfreude: »Where!?« Doch sie meinte nur den Wind (le vent).

Le Puy – Gîte d'étape Saint François

19.30 Uhr

Heute habe ich 37,2 Kilometer zurückgelegt. Etwa acht Kilometer von hier ist der Mont Joie, der Berg der Freude, der gleich heisst wie der Monte do Gozo kurz vor Santiago. Auf dem Mont Joie sieht man zum ersten Mal Le Puy. Ich habe mich riesig gefreut, als ich Le Puy das erste Mal sah. Und während vor zwei Jahren auf dem Monte do Gozo die Freude bittersüss war, weil ja auch die Reise bald vorbei war, konnte ich mich hier wirklich freuen. Die Via Gebennensis, welche von Genf bis Le Puy geht, ist zwar geschafft, aber bis Saint-Jean-Pied-de-Port liegt noch die mehr als doppelt so lange Via Podiensis vor mir.

Ich war einmal bei einem Vortrag von einem Deutschen, welcher von zu Hause bis nach Santiago und dann noch nach Finisterre gegangen war. Als er ein Bild der Chapelle St-Michel-d'Aiguille zeigte, sagte er, er habe die 268 Stufen auf die 88 Meter hohe Vulkannadel nicht unter die Füsse genommen, da er zu müde gewesen sei. Ich fand den Vortrag sehr gut, aber das fand ich sehr schade. Ich nahm mir vor, dass ich, wenn ich je in Le Puy sein würde, diese Stufen bewältigen würde. Der Anblick der Kirche heute hat mich in meinem Vorhaben bestätigt. Ich bleibe morgen hier.

Tag 11

8.00 Uhr

Ich war in der Pilgermesse, welche hier um 7.00 Uhr anfängt, da sich Le Puy eher als Ausgangsort für Jakobspilger denn als Zielort versteht. Le Puy ist zwar ein Marienwallfahrtsort, aber im 10. Jahrhundert pilgerte der damalige Bischof von Le Puy nach Santiago und brachte damit das Jakobspilgern richtig in Schwung und Le Puy wurde ein traditioneller Startort. Nach seiner Heimkehr liess er zudem die Kirche auf der Vulkannadel errichten. Da ich heute einen Ruhetag einlege, war es für mich sehr früh, aber es hat sich gelohnt. Die Messe war wunderschön. Nach der Messe nahm uns der Pfarrer noch zu sich und jeder sagte seinen Namen und wo er herkam. Dann erhielten wir den Pilgersegen, einen Rosenkranz und eine Medaille, auf welcher auf der einen Seite die Madonna von Le Puy und auf der andern die Jakobsmuschel abgebildet ist. Schliesslich wurdeMitten im Gang zwischen den Kirchbänken ein Gitter geöffnet und man konnte über die Treppe, welche darunter zum Vorschein kam, die Kathedrale Richtung Santiago verlassen.

16.15 Uhr

Le Puy ist wunderschön. Fast ein zweites Santiago. Meine Gîte liegt auf einem Vulkanbrocken, auf dem auch die Kathedrale steht. Nachdem ich nochmals etwas geschlafen hatte, schlenderte ich durch die labyrinthartigen- Mittelalterlichen Gassen, welche immer wieder irgendwo runter und wieder rauf gehen. Ich suchte auch den Place du Plot, wo die Via Podiensis offiziell beginnt, damit ich morgen keine Startschwierigkeiten haben werde. Die Stadt ist grandios – immer wieder stösst man auf ein weiteres faszinierendes Bauwerk. Nach einem ortsüblichen- Mittagessen bestieg ich den Hügel zur monumentalen rosaroten Marienstatue Notre-Dame-de-France, welche aus 213 russischen Kanonen erbaut und 1860 eingeweiht wurde. Beim kleinen Teich unterhalb der Statue stand geschrieben, dass man traditionell hier Münzen reinwerfe und sich etwas wünsche. Natürlich warf ich Münzen ein. Der Gedanke, dass man durch Wunschlosigkeit glücklich wird, gefällt mir – ich bin aber noch nicht so weit. Dann erklomm ich auch die 16 Meter hohe Statue selber. Zuerst über Treppen und dann über eine Leiter in der Statue bis zur Plexiglaskuppel auf dem Kopf der Statue. Der Blick nach unten war genial. Zudem finde ich einen solchen Blick immer etwas sehr Schönes, gibt er einem doch immer einen Perspektivenwechsel. Was eben wichtig erschien, ist plötzlich nichtig und klein. Fast wie beim Pilgern. Am Schluss ging ich noch zur Kirche Saint-Michel-d'Aguille. Also jene Kirche, die ich mir vorgenommen hatte zu besteigen, sollte ich je in Le Puy sein. Es hat sich mehr als gelohnt. Die kleine Kirche ist innen wunderschön, hat viele kleine Säulen und schöne alte Deckengemälde. Ich zündete Kerzen an und liess mich auf die Ruhe dieses Ortes ein. Als ich die Kirche wieder verliess und auf die Stadt nach unten schaute, rief plötzlich jemand von unten: »Thomas!« Das Ehepaar aus der Herberge, wo die vielen Schweizer waren, war gerade in Le Puy angekommen! Wir winkten einander zu. Ich stieg die Stufen nach unten und traf dort auf die beiden jungen Frauen aus der gleichen Herberge. Auch sie waren gerade angekommen. Wir schwatzten ein wenig und wünschten uns dann einen guten Weg.

18.30 Uhr

War nochmals draussen. Bin nochmals durch die Gassen spaziert. Dann habe ich mir eine Zigarre gekauft und diese und den Anblick der Kirche auf der Vulkannadel genossen. Danach ging ich nochmals in die Kathedrale, die fast leer war und darum eine einmalige Stimmung erzeugte. Dieser Ort ist genial! Morgen geht es weiter.

19.15 Uhr

Trotz – oder vielleicht gerade wegen – des sehr schönen Tages habe ich nun etwas den Koller. Ich vermisse Sarah so sehr!

*

Habe kurz mit Sarah telefoniert. So fand der schöne Tag auch einen schönen Abschluss.

Tag 12

Monistrol-d'Allier – Gîte La Tsabone

16.15 Uhr

Der Anfang in Le Puy war im Nebel. Der Nebel tauchte dieMittelalterlichen Gassen in eine ganz spezielle Atmosphäre. Dann musste ich, durch den Nebel watend, einige Höhenmeter überwinden, bis ich schliesslich zum Ende des Nebels vorstiess und auf ein wunderbares Nebelmeer blicken konnte.

Kurz nachdem ich den Nebel verlassen hatte, traf ich einen Verrückten! Sein Rucksack hatte 70 Liter – mein 32-Liter-Rucksack hätte also mit Leichtigkeit zwei Mal reingepasst. Auf den vollen Rucksack hatte er noch eine Isomatte und ein Pack mit einem Zelt gebunden. Und da im grossen Rucksack nicht genug Platz war, hatte er vorne beim Bauch noch einen prall gefüllten 20-Liter-Rucksack. Mein erster Gedanke war: »Sein erster Tag. Der kommt so nicht weit.« Wir sind dann sechs Stunden miteinander gegangen. Er hat heute wie ich 30 Kilometer zurückgelegt. Er kommt aus dem Elsass, spricht aber leider kein Elsässisch, nur Französisch. Er ist etwas älter als 30. Vor kurzem hat er seine Frau und seine Tochter verloren. Sie sind gestorben. Nun braucht er Abstand. Er hat seinen Job an den Nagel gehängt und seine Wohnung aufgegeben. Seine Papiere liegen bei seiner Mutter. Dann ist er losmarschiert. Ohne irgendwelche Wandererfahrung vorher. Vom Elsass bis hierher. Dann will er nach Santiago und weiter nach Porto und dann bis zum Süden Portugals. Schliesslich irgendwie der Küste Spaniens entlang wieder ins Elsass. Respekt! Auf der Ebene hatte er ein Wahnsinns-Tempo drauf, nur aufwärts und im – heute vorhandenen – schwierigen Gelände abwärts war er nicht ganz so schnell. Er hat sich nun irgendwo in der Nähe einen Ort gesucht, an dem er sein Zelt aufschlagen kann. Ich bewundere ihn für seine Art, mit dem Schicksal umzugehen.

18.15 Uhr

Die beiden einzigen Pilger, welche wir heute noch sahen, war ein Ehepaar aus Deutschland. Beide um die 50 Jahre alt. Er lief immer etwa fünf Meter vor ihr. Als wir sie überholten, sagte er zu ihr: »Du bist heute aber langsam.« Die beiden sind eben hier angekommen. Wir werden zu dritt in einem Sechsbettzimmer (eigentlich eher Sechsmatratzenzimmer, denn diese liegen einfach so mit einem Holzrahmen auf dem Boden) übernachten.

Tag 13

Saugues

Sitze völlig durchnässt in einem Restaurant in Saugues. Die haben mich hier, ohne mit der Wimper zu zucken, reingelassen. Eigentlich gibt es hier Pizza. Da heute aber Sonntag ist, gibt es nur das Sonntagsmenü. Dann lass ich es mir halt schmecken.

Bin im Regen auf die Bestie von Gévaudan gestossen. Sie hatte hier während der Regierungszeit von Louis XV. über 100 Jugendliche und Frauen ermordet und hart zugerichtet. Der Fall ist nicht restlos geklärt. Als die Bestie in Form eines riesigen Wolfs mich erblickte, erstarrte sie zu Holz – zu Stein hat es offensichtlich nicht ganz gereicht.

Domaine du Sauvage

17.15 Uhr

Ich kam aus dem Wald und war fasziniert. Auf einer Hochebene, auf der Pferde und Rinder grasen, liegt ein alter, aber sehr gut renovierter Hof. Links davon gibt es zwei niedliche Teiche. Hier übernachte ich heute! Der Hof gehörte einst den Templern. Sie wussten offensichtlich, wo es schön war! Mich erinnert das hier irgendwie (auch wenn ich weiss, dass Vergleiche immer hinken) an die Schweizer Berge, am ehesten das Oberengadin, da es ja in der Höhe ist, aber gleichzeitig auf einer sehr schönen Ebene steht. Nur dass die Seen und die Berge ringsum fehlen. Dazu diese traditionsgeladenen Mauern. Wenn ich mal Ruhe und Abgeschiedenheit brauche, weiss ich nun einen weiteren Ort, wo ich mich zurückziehen könnte.

18.15 Uhr

Habe den ganzen Tag keinen Pilger angetroffen. Jetzt liege ich hier in einem Fünfbettzimmer, welches voll belegt ist. Ein Pilger kommt aus der Nordwestschweiz – also aus meiner Gegend – und dem Tessin (er wohnt an beiden Orten). Er nimmt sich einige Tage Zeit, um ab Le Puy zu wandern. Einer kommt aus Offenburg und möchte ab Le Puy nach Santiago gehen. Der Dritte ist aus Hamburg und geht ab Le Puy bis Conques. Der letzte glänzt im Moment noch durch Abwesenheit, scheint aber auch ein Deutscher zu sein. Insgesamt übernachten hier heute in allen Zimmern zehn Pilger.

Tageskilometer: 30

*

Der Deutsche ist ein Franzose.

Tag 14

Aumont Aubrac

15.45 Uhr

Schon bis jetzt traf ich heute auf dem Weg so viele Pilger wie bisher auf dieser Pilgerreise während des Tages noch nie: Sieben Pilger und einen Soldaten.

Den Franzosen aus meinem Zimmer von gestern traf ich sogar drei Mal an. Dann traf ich noch auf eine Gruppe von sechs Franzosen, welche den Eindruck hinterliessen, als seien es Wochenendpilger, die irgendwie verpasst hatten, dass es Montag geworden war. Sie trugen 10- bis 20-Liter-Rucksäcke und sahen irgendwie einfach wie normale Touristen aus.

Abbruch, da der Soldat gerade zu mir in die Bar kommt!

Lasbros – Gîte Hernandez

18.00 Uhr

Das mit den vermeintlichen Wochenendpilgern ist geklärt. Sie kamen auch in die Bar. Ich habe sie gefragt. Sie lassen ihr eigentliches Gepäck transportieren.

Der Soldat ist der Deutsche aus Offenburg, welcher gestern in meinem Zimmer war. Er hat wirklich von den Kampfstiefeln über die Tarnhosen bis zum olivgrünen

Shirt alles Militärsachen an. Einzig der blaue Rucksack tanzt etwas aus der Reihe. Und auch abgesehen von der Farbe scheint er mir eher kein Militärrucksack zu sein – eher ein Trekkingrucksack! Der Soldat hat sein Studium beendet und hat da auch mal das Buch von Hape Kerkeling gelesen. Deshalb ist er jetzt nach dem Studium aufgebrochen, um von Le Puy nach Santiago zu pilgern. Er marschiert auch wie ein Soldat. Ich habe ihn ziehen lassen. Nun sind wir zwei in der Gîte – vorläufig als Einzige in einem Zimmer mit sechs Betten.

Die 34,6 Kilometer heute waren eine reine Genusswanderung. Die leicht hügelige Hochebene hier ist einfach fantastisch schön. Es ging praktisch immer über Pferde- oder Kuhweiden oder durch Nadelbaumwälder. Einfach wunderschön. Gut war natürlich auch, dass der Regen wieder der Sonne Platz gemacht hat.

Zudem habe ich nach langen Wanderungen manchmal das Gefühl, dass die Gegend noch friedvoller und liebevoller erscheint. Alles leuchtet dann in einer Atmosphäre des Friedens und der Liebe. Heute war das so.

20.15 Uhr

Habe mit Sarah telefoniert. Ich bin diesem Hape Kerkeling und seinem Buch extrem dankbar. Denn er hat mit seinem Buch auch sie auf den Jakobsweg gebracht, wo wir uns kennenlernten.

Tag 15

Nasbinals

12.00 Uhr

Bin rund die ersten zwei Stunden mit dem Soldaten gegangen. Dann machte er mal eine Pause. Er erzählte mir vom Kanufahren in Polen und vom Trekking in Schweden. Ich ihm von meinen Besteigungen der Sechstausender Huascaran und Aconcagua in Südamerika. Oft schwiegen wir einfach und genossen die weiterhin faszinierende Landschaft. Ein netter Kerl! Einzig das mit dem Rucksack wäre zu meiner Zeit im Militär noch nicht gegangen. Aber vielleicht sieht man dasMittlerweile etwas lockerer. Und ich war ja auch bei der Schweizer Armee und nicht bei der Deutschen Bundeswehr.

Der Trend hält an. Alleine heute Morgen habe ich eine Dreier- und eine Zweiergruppe Franzosen und eine flotte Schwedin überholt. Es sind hier also tatsächlich etwas mehr Leute unterwegs als vor Le Puy.

Mit der flotten Schwedin – sie war für ihr doch schon höheres Alter noch recht flott auf den Beinen – habe ich kurz geplaudert. Zuerst auf Französisch, dann Englisch, dann Deutsch. Sie ist vor Jahren in St. Gallen gestartet. Jetzt geht sie immer wieder auf Etappen auf dem Jakobsweg. So ist sie bis jetzt von St. Gallen bis hierher gekommen.

Die Landschaft hat sich etwas verändert. Ich bin immer noch auf der Hochebene, aber die Wälder haben sich zurückgezogen. Hier gibt es praktisch nur noch Weiden. Grosse Weiden, welche jeweils von einer Steinmauer umgeben sind. Und überall liegen riesige Steine rum. Mir gefällt es hier sehr gut.

Saint-Chély-d'Aubrac – Chambres d'hôtes Saint Jacques

17.15 Uhr

Und es kam noch besser! Dachte ja, dass das nicht mehr zu überbieten war, aber dann ging es bis Aubrac nicht mehr auf den Landstrassen und Feldwegen neben den Weiden her, sondern – wie ich das sonst nur aus der Schweiz kenne – auf einem vielleicht zwei Füsse breiten Pfad direkt über die Weiden. Ich sah viele Kühe und keine Pilger. Die Landschaft war einfach berauschend. Nach Aubrac war dann noch ein Abstieg hierher zu bewältigen und die 34,4 Kilometer waren geschafft.

Einmal meinte man es mit mir auf der Weide fast zu gut. Immer mal wieder mussten die Zäune durch Gatter überwunden werden. Ich sah eigentlich immer nur die Steinmauern und manchmal Stacheldrahtzaun. Als ich aber einmal ein Tor öffnen wollte, durchfuhr mich ein heftiger Energiestoss! Hier war irgendwo auch Strom im Zaun! Und zwar nicht wenig. Nun war mein Körper wieder voller Energie.

Die Bezeichnung Chambres d'hôtes scheint hier vieles zu umfassen. Das erste Mal bin ich ihm ja bei der englischen Dame begegnet, wo ich ein eigenes Zimmer in ihrem Haus und ein Badezimmer zur Mitbenutzung hatte. Hier ist es schon eher so was wie ein Hotel. Was soll's, ich kann eine Nacht für mich wieder mal brauchen.

Tag 16

Estaing – Hotel Aux Armes d'Estaing

18.00 Uhr

Heute ging es definitiv runter von der Hochebene. Runter ging auch meine Stimmung. Fragen über Fragen fuhren durch mein Hirn.

Unterwegs sah ich heute auch nur zwei Pilger: eine Blondine und ihren dunkelhaarigen Freund. Offenbar stark ineinander verliebt. Ich freute mich für sie, dachte auch an die Zeiten von Sarah und mir auf Jakobswegen: auf dem Camino Francés, auf dem Camino Inglés und auf dem Schwabenweg. Trotzdem führte auch das vor allem wieder zu Fragen.

Musste ich sieben Wochen planen, nur weil ich denke, dass das Pilger-Feeling erst nach einer gewissen Zeit richtig aufkommt?

Hätte ich das Ganze nicht zum Beispiel in Zwei-Wochen-Etappen aufteilen können? Dann könnte ich jetzt in den Armen von Sarah liegen.

Wie wird es beruflich weitergehen?

Was soll das Pilgern? Das Leben? Was ist das Ziel? Saint-Jean-Pied-de-Port? Santiago? Und dann?

Der Priester in Le Puy hatte uns beim Pilgersegen gesagt, wir sollen nicht den Weg nach Santiago suchen, sondern den Weg zu Gott. Das sei viel einfacher. Und gleichzeitig viel schwerer. Was wollte er damit sagen?

Als ich endlich in nicht zu weiter Ferne das Schloss von Estaing, das für mich in diesem Augenblick wie ein Märchenschloss aussah, erblickte, stiess ich einen lauten Freudenschrei aus. Der Tag der Fragen war vorbei.

Trotzdem habe ich mich entgegen meinem ursprünglichen Plan in einem Hotel einquartiert. Ich brauche heute Ruhe.

Tageskilometer: 34,4

Tag 17

Golinhac

11.00 Uhr

Gestern Abend musste ich für meine Exerzitienübungen den Text »Heilung des blinden Bartimäus« meditieren. Ich nahm den letzten Satz mit in den Schlaf und auf den heutigen Weg: »Und sogleich wurde er sehend und folgte ihm auf dem Weg nach.«

Dann folgte ich heute Morgen die ersten Kilometer dem Lot, dem Fluss, der mir sagte, was mir Flüsse immer wieder zu sagen versuchen: »Es bleibt alles anders. Alles bleibt immer gleich und gleichzeitig verändert sich alles dauernd.«

Und dann kam der Regen. Nicht wild und hart, jetzt im Herbst, sondern sanft und mild wie ein zarter Frühlingsregen. Er wusch mich rein.

Ich bin wieder hier. Auf dem Weg.

Conques – Centre d'accueil de l'Abbaye Sainte-Foy

17.15 Uhr

Obwohl der Regen am Nachmittag aufhörte, bin ich heute auf den ganzen 35,4 Kilometern nur drei hübschen Blondinen aus Frankreich begegnet. Ich weiss noch nicht, was ich davon halte, wenn es bei Pilgerinnen offensichtlich ist, dass sie keinen BH tragen. Wahrscheinlich ist es nicht an mir, dies zu entscheiden. Ich bin ja kein Pilgerpolizist.

Conques ist einfach genial. Man geht am Schluss der Etappe vor Conques einen steilen Weg über Stock und Stein nach unten. Und dann plötzlich ist es da: Conques. Ein zwar kleines, aber extrem feines Dorf mit einer grossen Kirche, welche selber Wallfahrtsort ist. Der ganze Ortskern scheint noch imMittelalter zu liegen, alle Häuser aus dieser Zeit zu stammen. Einfach genial.

Conques hat auch eine illustre Geschichte. Wie in Einsiedeln siedelte sich hier zuerst ein Einsiedler an und später entstand ein Benediktinerkloster. Um 866 wurden die Gebeine der heiligen Fides heimlich nach Conques übertragen. Für mich hört es sich eher nach einer unheimlichen Übertragung an. Ein Mönch stahl sie an ihrem ursprünglichen Ort und brachte sie hierher. Conques wurde zu einem Wallfahrtsort und später zu einem wichtigen Durchgangsort für die Jakobspilger. Seit 1973 leben im ehemaligen Benediktinerkloster Prämonstratenser. In ihrer Pilgerherberge bin ich untergebracht. Ich bin in einem Zimmer mit 14 Betten, von denen im Moment drei belegt sind.

22.00 Uhr

Was für ein schöner Abend! Alle Gäste der Mönche haben zuerst zusammengegessen. Dann nahmen wir an einem wunderschön gesungenen Komplet der Mönche teil. Die Pilger erhielten dann von den Mönchen den Pilgersegen. Zudem bekamen wir das Evangelium nach Johannes (ich sogar auf Deutsch) geschenkt. Schliesslich umrundeten wir den herrlich singenden Mönchen folgend innen die Kirche. Nachdem ein Mönch anschliessend Erklärungen zu den Figuren oberhalb der Kirchentüre gegeben hatte, setzte er sich an die Orgel. Ein Pilger hatte seine Trompete dabei und die beiden spielten uns Lieder vor. Gleichzeitig waren die Fenster der Kirche beleuchtet und ich ergriff die Möglichkeit, die es nur zu diesem Zeitpunkt gibt, in die obere Etage aufzusteigen und die Kirche von da zu bewundern. Zu der schönen

Melodie von Ave Maria verliess ich die Kirche und bin nun bereit fürs Bett.

Tag 18

9.00 Uhr

Ich war noch in der Messe um 8.00 Uhr. Wollte die wunderbare Atmosphäre der Kirche nochmals erleben. Es war eine sehr bewegende Messe. Die Mönche haben wieder wunderbar gesungen. Beim Friedensgruss kam der orgelspielende Mönch direkt auf mich zu und schüttelte mir die Hand. Und als es zur Kommunion Brot und Wein gab, kam gleichzeitig die Erkenntnis über mich: Hier hätte ich auch ankommen können. Aber ich freue mich auf das Weitergehen. Nach der Messe zündete ich noch Kerzen an und betete ein stilles Gebet. Da kam der Mönch nochmals auf mich zu und sagte: »Der heilige Jakob beschützt dich.«

Decazeville

14.30 Uhr

Wahnsinnig, wie schnell man sich an etwas gewöhnen kann! Während zwischen Genf und Conques nur wenige Orte mehr als 1 000 Einwohner hatten (Le Puy etwa 20 000 – aber da ist es mir im Kathedralenviertel nicht so aufgefallen), bin ich jetzt wieder in einer Ortschaft mit rund 6 800 Einwohnern. Eigentlich ist das ja auch nicht riesig. Aber nach den Tagen in den Hügeln und in Conques fällt es mir auf, dass es hier Strassen gibt, die viel befahren sind, und dass man bei einer Überquerung einer Strasse tatsächlich wieder gut schauen muss, ob da was kommt. Ich war in einer anderen Welt. Jetzt komme ich wohl eher wieder in die normale. Ich bin aber weiterhin auf dem Jakobsweg. Auch von der Höhe her bin ich hier wieder weiter unten. Die Ortschaft hier liegt 210 Meter über Meer. Das Höhenprofil meines Führers zeigt zwar noch Ausschläge für die nächsten Tage, aber es wird diesbezüglich deutlich ruhiger. Bin gespannt, in was für Landschaften ich laufen werde.

Bis jetzt habe ich heute nur eine siebenköpfige Gruppe belgischer Pilger überholt. Drei gaben recht Gas, mussten dann aber in der Bar nach zwei Stunden Wanderung gemeinsam mit mir (ich machte da Rast) warten, bis der Rest kam, welcher es sich dann aber auch in der Bar gemütlich machen wollte. Ich ging dann weiter. Die Gruppe macht jedes Jahr für eine Woche eine Wanderung auf dem Jakobsweg. Heute sind sie zu ihrer dritten Woche gestartet – ursprünglich starteten sie in Le Puy.

Eben kam hier am Rastplatz auch noch ein Pilger vorbei, der mit seiner Ausrüstung (Stöcke, sehr kleiner Rucksack, kurze, enge Hose) eher aussah wie ein Nordic Walker als wie ein Pilger. Aber er hatte eine Muschel am Rucksack. Ich nehme also an, dass das jetzt einer dieser PGV (Pèlerin à grand vitesse) war, von denen ich immer wieder höre.

Livinhac-le-Haut – Gîte communal

16.45 Uhr

Weit war es nicht mehr bis hierher. Habe heute mit 23,1 Kilometern einen gemächlichen Tag eingeschaltet, da ich den Morgen noch mit dem Kirchenbesuch in Conques vervollständigen wollte.

Die Gîte ist eigentlich nicht klein, hat mehrere Zimmer. Doch im Moment ist nur mein Vierbettzimmer geöffnet, in dem bis jetzt nur ich untergebracht bin. Habe also im Moment die Gîte ganz für mich. Ich finde das immer herrlich, wenn man in eine Herberge geht und diese ganz für sich hat. Auch in der Schweiz habe ich das schon erlebt. So konnten Sarah und ich zum Beispiel im Pilgerzimmer mit mehreren Betten des Klosters Fischingen und in der Pilgerherberge in Märstetten ganz alleine übernachten. Nun geschieht dies – leider ohne Sarah – auch in Frankreich. In Spanien ist es mir bis jetzt in einer Herberge noch nicht passiert.

Ich bin gut unterwegs. Habe von dem Weg von Genf nach Saint-Jean-Pied-de-Port schon gut die Hälfte erwandert. Deshalb möchte ich nun gerne noch weiter bis Pamplona gehen, nochmals die Pyrenäen überschreiten, die Orte sehen, an denen ich Sarah kennengelernt habe. Und dann Mal schauen. Ich habe noch etwas im Hinterkopf. Dafür müsste ich aber weiterhin so gut vorwärtskommen wie bis jetzt. Aber da wäre noch ein weiterer Traum, den ich vielleicht verwirklichen könnte. Mit dem Ziel: Santiago! Aber ich will mich nicht unnötig unter

Druck setzen. Erst mal geniesse ich den Weg hier in Frankreich und die Zigarre, welche ich mir anlässlich der Bewältigung des halben Weges nach Saint-Jean-Pied-de-Port gekauft habe.

Tag 19

Figeac

13.15 Uhr

Es blieb trotz meiner Befürchtungen ländlich. Vielleicht nicht mehr so extrem ländlich, aber ländlich. Man hört etwas mehr Autos und Rasenmäher, aber es ist ja auch SamsTag. Und ab und zu kommt eine grössere Ortschaft. Wobei dies auch eine Übertreibung ist. Figeac ist eigentlich die erste grössere Ortschaft heute. Aber es kam halt überhaupt eine grössere Ortschaft. Figeac hat etwas mehr als 10 000 Einwohner und in der Stadt hier, welche durch Häuser aus verschiedenen Epochen glänzen kann, und in dem Restaurant, in dem ich auf meinMittagessen warte, herrscht eine angenehme, lockere Atmosphäre.

Mas de Vergnes – Camping Pech Ibert

18.00 Uhr

Noch im Restaurant in Figeac kam der schnellere Teil der Belgier-Gruppe auf mich zu. Wir begrüssten uns herzlich und plauderten etwas. Dann setzten sie sich ebenfalls an einen Tisch. Diesmal nur etwa zehn Minuten später kam der langsamere Teil auch. Die sind cool, die Belgier! Diese Begrüssung! Riesige Freude und Gratulationsbekundungen und Händeabklatschen. Als wären sie eben in Santiago angekommen. Das gefällt mir. Es grenzt an ein Wunder, dass wir hier sind, dass es uns und den Jakobsweg überhaupt gibt. Dafür sollten wir dankbar sein. Und Freude ist eine der schönsten Ausdrucksformen von Dankbarkeit. Jeder Schritt sollte gefeiert werden!

Der einzige andere Pilger, den ich heute noch sah, überholte mich, als ich gerade am Nüsse-Auflesen war. Auch er war irgendwie witzig. Man sah ihm richtig an, wie er sich beeilte, und er schaute immer wieder zurück, ob ich noch da war. Aber ich wollte mich nicht mit ihm duellieren. Lieber tat ich es den Belgiern gleich und versuchte, jeden Schritt zu zelebrieren.

Heute bin ich an einem Ort untergebracht, dessen Art so für mich neu ist. Auf einem Camping-Areal stehen zusätzlich einige kleine Hütten für zwei bis sechs Personen. Ich bin in einer Zweipersonenhütte. Ich glaube, ich bin heute wieder der einzige Gast hier.

Tageskilometer: 35,6

Tag 20

Limogne-en-Quercy – Gîte communal

18.00 Uhr

Die Gegend war wieder sehr ländlich. Einzig gerade rechtzeitig für dasMittagessen kam ich in eine etwas grössere Ortschaft, Cajarc, welche das Zentrum des Safrananbaus in Frankreich sein soll, wovon ich aber nichts gemerkt habe. Die Pizza schmeckte aber gut. Noch mehr genoss ich aber die 34,5 Kilometer lange Wanderung vorbei an Dolmen und Grotten, über Weiden und durch lange Eichenwälder. Das Wetter ist im Moment sehr gut. Es war heute fast etwas zu warm. Durst war ein ständiger Begleiter. Aber es gab zum Glück immer wieder Wasserstellen.

18.45 Uhr

Das Duschen tat gut! Bin heute in einer Herberge, welche oberhalb (im zweiten Stock) des Schulhauses angesiedelt ist. Sie hat etwa acht Zimmer. Wir sind zwei Personen – so ist mir heute doch wenigstens in der Herberge ein Pilger begegnet. Er ist in Zimmer 1 und ich im Vierbettzimmer 6.

Heute ist Waschtag! Hier scheint es eine nicht belegte und funktionstüchtige Waschmaschine und einen Trockner zu geben! Das muss ausgenutzt werden. Bis jetzt habe ich mein Zeugs jeweils notbehelfsmässig von Hand gewaschen. Das Trocknen geschah nach dem Prinzip »Antrocknen lassen über die Nacht, Resttrocknen am Körper«. Jetzt kann ich endlich mal richtig waschen und trocknen.

Tag 21

Cahor – Hôtel La Chartreuse

18.30 Uhr

Ich ging. Und ging. 40,7 Kilometer. Ein Mal sah ich ein Pilgerehepaar, ein anderes Mal eine Pilgerin. Ich ging weiter. Vorbei an Gottesanbeterinnen. Weiter. Und weiter. Aber plötzlich musste ich nicht mehr gehen. Es ging. Es ging für mich. Es ging einfach so.

Tolles Gefühl!

Und noch etwas war bemerkenswert. Ich verlor teilweise das Zeitgefühl. Als ich nach geschätzten fünf Minuten einmal wieder auf die Uhr schaute, konnte ich es nicht glauben. Ich schaltete mein Handy ein. Tatsächlich! In den letzten fünf Minuten waren 1,5 Stunden vergangen!

Cahor hat über 20 000 Einwohner. Es gibt sicher auch schöne Fleckchen, die Kathedrale und die Brücke mit den Türmen beeindrucken. Aber so recht begeistern kann Cahor mich nicht.

Schön ist aber, dass ich vom Hotelzimmer im dritten

Stock direkte Sicht auf den Lot, meinen alten Freund, der hier einen Bogen macht, habe. Und dass ich heute ruhig schlafen kann. Heute Morgen ging in der Herberge um 4.00 Uhr die Türe – die Herberge war nicht verschlossen und ich konnte mein Zimmer auch nicht verschliessen. Mit den Geschichten, welche ich diesen Sommer über den spanischen Jakobsweg gelesen hatte (zugegebenermassen nur im Internet), hatte ich etwas Angst. Wenn uns jetzt jemand ausrauben wollte? Aber es war nur der andere Pilger, welcher nicht schlafen konnte und etwas Luft schnappte. Ihn hatte ich gestern Nacht noch im einzigen offenen Restaurant angetroffen. Wir haben dann zusammen gegessen. Er ist aus dem Norden von Frankreich und hat vor acht Jahren Le Puy-Santiago gemacht. Nun muss er immer ein Gerät dabeihaben, das ihm bei der Atmung hilft, und fährt manchmal auch Bus, möchte aber trotzdem an seinem Lieblingsort, dem Jakobsweg, sein. Wir hatten ein gutes Gespräch, das Essen war auch nicht schlecht und am Schluss hat er mir einen Armagnac bezahlt.

Tag 22

Domaine de Mathieux

10.15 Uhr

Über einen steilen Weg kam ich heute zu einem grossen Kreuz mit einer wunderbaren Aussicht. Nun bin ich hier in einer Gîte, in der man sich wie in einem Restaurant auch verpflegen kann. Ein wahres Pilgerparadies. Ich bin in einem Raum, in dem lauter Bilder vom Jakobsweg hängen und gemütliche Musik läuft, und habe gerade ein Sandwich mit Serrano-Schinken und eine Cola genossen. Der Garten ist gross und mit Pool für den Sommer und vor dem Haus steht ein lebensgrosser Jakob. Die Leute sind zudem sehr freundlich. Kann aber nicht um 10.00 Uhr aufhören. Weiter geht's!

Lascabanes

14.30 Uhr

Das Verhalten der Pilger, welche ich heute angetroffen habe, hat mich etwas irritiert.

So um 11.30 Uhr tauchte aus dem Nebel ein Pilger auf. Der Nebel war etwas feucht, manchmal liess er ein feines Regentröpfchen fallen. Der Pilger war gross und stämmig, mit Vollbart und etwa in meinem Alter. Er stand unter einem Dachvorsprung und schüttelte seinen

Regenschutz aus, der nicht wirklich nass geworden sein konnte. Dann brachte er sich in eine Sitzposition, um das Ende des nicht wirklich vorhandenen Platzregens abzuwarten.

Etwa zwei Stunden später traf ich auf eine zierliche Pilgerin. Sie war wohl so 30. Der Der Nebel war zu Wolken geworden. Manchmal konnte man etwas Blau am Himmel erkennen. Im Gras stand der Rucksack der Pilgerin mit Pilgermuschel. Daneben lag der grösste Teil ihrer Pilgerbekleidung. Und nochmals daneben lag sie, ausschliesslich bekleidet mit ihrer Unterhose und ihrem BH und wollte sich in der Sonne, deren Strahlen nicht wirklich bis zu uns runterkamen, bräunen!

Hier gibt es nun massenhaft Pilger! Zehn Pilger sind hier. Sie verhalten sich aber sehr pilgermässig, sitzen vor der Herberge, trinken Kaffee und essen Schokolade.

Montcuq – Chambres d'hôtes

17.00 Uhr

Ich fragte mich schon, wann es wohl passieren würde. Bei den vielen Eichen und den vielen Eicheln, die jetzt runterfallen. Nun ist es passiert. Eine Eichel ist mir direkt auf den Kopf gefallen. Eine Hirnerschütterung habe ich deswegen nicht.

Pilger habe ich keine mehr gesichtet. Keinen Nacktpilger auf Schneeschuhen im nicht vorhandenen Schnee.

Das Dorf hier gefällt mir. Es hat einen altertümlichen

Charme. Den gleichen Charme hat mein Einzelzimmer – lauter alte (antike!) Möbel. Für eine Nacht richtig schön. Der Turm möchte von mir bestiegen werden. Ich höre ihn rufen, oben am Dorf. Aber ich glaube, er kann noch lange rufen. Ich dusche jetzt mal, dann gehe ich mein Essen kaufen und dann sind noch die Exerzitien angesagt. Mir ist heute nach Entspannung.

Tageskilometer: 28,8

Tag 23

Lauzerte

12.00 Uhr

Schon wieder so ein wunderschöner altertümlicher Ort. Wunderbar auf einem Hügel gelegen, kann einen auch dieser Ort wieder verzaubern.

Manchmal denke ich, ich lebe hier nicht nur meinen Traum, ich bin hier in einem Traum. Solche Momente, wie der gerade jetzt auf dieser sonnenbeschienenen Sitzbank und an diesem schmucken Ort und dem eben eingekauften Mittagessen, sollte man einfangen können. Die sind einfach unbezahlbar.

Doch es kann kein Traum sein. Denn wenn es ein Traum wäre, dann würde ich Sarah herbeiträumen, um diese geniale Zeit hier mit ihr teilen zu können. Ich habe es versucht. Doch leider konnte ich sie nicht herbeiträumen. Worte und Bilder können so etwas nur unzureichend beschreiben. Das ist wie ein zarter Hauch, der dich immer mehr die Schönheit der Welt und die Güte Gottes spüren lässt.

Moissac – Hôtel Le Chapon Fin

19.15 Uhr

Auf den heutigen 39,9 Kilometern habe ich zwei Pilger/-innen gesehen.

Der ersten Pilgerin begegnete ich relativ früh am Morgen, als sie dabei war, ihr Zelt abzubauen. Später überholte sie mich, als ich in Lauzerte auf der sonnigen Sitzbank sass. Sie hatte abgesehen vom Rucksack noch ein weiteres Gepäckstück: eine Tasche in der Hand, aus der ein Brot herausschaute. Kurze Zeit später überholte ich sie wieder, als sie das Brot und anderes ass.

Der zweite Pilger war ein 25-jähriger Kanadier. Mit ihm bin ich heute rund drei Stunden gewandert. Er ist spirituell sehr interessiert. Als er sein Studium in Agrarwirtschaft beendet und das Buch über den Jakobsweg von Paulo Coelho gelesen hatte, sagte er sich, dass er nicht nur immer theoretisch über spirituelle Dinge lesen wollte, sondern auch mal konkrete Schritte unternehmen wolle. Die macht er jetzt auf dem Jakobsweg. Er will nach Santiago und Finisterre gehen. Eigentlich wollte er in Saint-Jean-Pied-de-Port starten. Doch seiner Freundin war das etwas weit. Deshalb fragte sie ihn, ob er wirklich genau dort starten müsse, nur weil dieser Mann, der dieses Buch geschrieben habe, auch dort gestartet sei. Das leuchtete ihm ein. Er suchte also im Internet nach einem Ort, der ihm als Start gefallen könnte. Dabei ging er vor allem optisch vor. Er suchte Bilder. Plötzlich sah er diese Kirche auf dieser Vulkannadel. Le Puy. Das war sein Startort! Seine Freundin wollte ihn nun begleiten. Doch das wollte er nicht. Er ist der Meinung, dass man spirituelle Schritte alleine machen muss. Ich war auch mal dieser Meinung. Aber Meinungen können sich ändern.

Moissac mit seinen rund 13 000 Einwohnern hat mich jetzt nicht gerade vor Begeisterung aus den Socken gehauen. Mich scheinen hier eher die kleineren Orte und vor allem der Weg zwischen den Orten zu begeistern. Aber die Abteikirche Saint-Pierre ist sehr schön und vor allem der Eingang mit den in Stein gehauenen Bildern auf beiden Seiten des Eingangs, oberhalb des Eingangs und sogar an derMittelsäule zwischen den beiden Türflügeln ist faszinierend.

22.30 Uhr

Sarah hat mich eben angerufen. Heute vor genau zwei Jahren sind wir beide das erste Mal in Santiago angekommen. Wir gingen dann noch weiter nach Finisterre und Muxia. Aber heute vor zwei Jahren waren wir erst mal am Ziel.

Tag 24

Malause

11.15 Uhr

Ein herrlicher Morgen!

Zuerst habe ich mich zwar etwas geärgert. Mir passiert es in Städten oft, dass ich die weitere Wegmarkierung suchen muss. Das ist auch heute Morgen passiert.

Doch dann stieg ich bald auf einen Hügel und konnte ein fantastisches Nebelmeer sehen. Kurz darauf sah ich zwei Rehe. Einfach genial.

Man muss sich das einmal vorstellen! Es brauchte Milliarden von Jahren für die Entstehung des Weltalls, der Sterne, unseres Sterns, der Sonne, und des blauen Planeten, der Erde.

Dann brauchte es Millionen von Jahren der Evolution, bis das Reh und ich da waren. Und dann waren diese edlen Geschöpfe da und sprangen anmutig davon.

Und da war ich. Ein Mensch. Ein Meisterwerk der Schöpfung. Gut, mein Bauch könnte etwas kleiner sein. Nein ehrlich, der Mensch, erschaffen als Ebenbild Gottes und in die Freiheit entlassen.

Erschaffen? Ja, eine solche perfekte Welt kann nur erschaffen worden sein. Erschaffen in bildlich gesprochen sieben Tagen vom grössten Meister aller Zeiten.

Und was machen wir mit unserer Freiheit? Dazu musste ich heute Morgen in Moissac nur auf die Titelseiten der Zeitungen schauen. Und auch die beiden Kühltürme der Atomkraftwerke, welche ich von hier sehe, lassen Schlüsse zu. Wir verhöhnen diesen Schöpfer durch Kriege, Morde und freveln der Natur. Warum sind wir so blind? Warum sehen wir oft diese Schönheit nicht? Warum fühlen wir oft diese unendliche Liebe nicht, welche diese Schönheit durchdringt? Gott, verzeih ihnen, denn sie wissen nicht, was sie tun!

Auvillar

14.00 Uhr

Es ist der Wahnsinn! Ich bin ziemlich lange einem Kanal gefolgt, vorbei an einem kleinen Hausboot mit dem Namen »Body & Soul« (vielleicht ist der Besitzer Pilger). Unterwegs habe ich 17 Pilger getroffen. Sie gehörten allerdings alle zusammen. Mehrere Familien, die jährlich ein verlängertes Wochenende auf dem Jakobsweg verbringen. Sie sind heute, Donnerstag, gestartet. Und jetzt sitze ich mit meinem Red Bull schon wieder an einem Mittelalterlich anmutenden charmanten Ort. Genau gesagt sitze ich auf dem Marktplatz in der alten, aber gut erhaltenen runden Markthalle. Man kann es einfach nur geniessen.

Miradoux – Chambres d'hôtes La Cordalie

19.00 Uhr

Dieses Chambres d'hôtes kommt jetzt wieder Richtung Zimmer in einem Familienhaus. Leider ohne Nachtessen mit der Familie, was jeweils sehr interessant ist.

Ausser den pilgernden Familien habe ich auf den heutigen 37,1 Kilometern keine anderen Pilger gesehen.

Der weitere Weg hierher war gemütlich. Er führte in eine Bar (für ein Spezi), in der die Wände mit Pilgermotiven bemalt waren. Dann ging er vorbei an einer zerfallenen Kirche und einem Château. Und schon war ich hier.

Tag 25

Lectoure

12.00 Uhr

Die Kathedrale hier ist zwar nicht die grösste, welche ich je gesehen habe, aber es ist eine ausgewachsene Kathedrale. Es war recht beeindruckend, über die nur ganz leicht hügeligen Felder und umgepflügten Äcker in die Nähe von Lectoure zu kommen und den Turm der Kathedrale schon von weitem zu sehen. Mich beeindruckt auch, dass ein Ort mit knapp 4 000 Einwohnern eine Kathedrale hat. Die Kathedrale ist auch innen sehr schön und hat wunderbare farbige Glasfenster, welche Heilige und Personen aus der Bibel zeigen.

Es ist hier gerade Markt. Natürlich nutzte ich dies, um etwas durch den Markt zu schlendern und mir mein Mittagessen zu kaufen. Nun sitze ich vor der Kathedrale auf einer Steinbank und geniesse das Essen und beobachte das Treiben auf dem Markt.

La Romieu – Chambres d'hôtes Le Presbytère

17.45 Uhr

Ich war heute Vormittag wohl genug fasziniert, so dass mir das Gleiche gleich zwei Mal passiert ist! Wieder gehe ich gemütlich durch die Landschaft und wieder taucht plötzlich eine grosse Kirche vor meinen Augen auf. Dieses Mal zwar keine Kathedrale, aber eine grosse Stiftskirche. Und sie bezaubert auch von innen! Der Kreuzgang ist phänomenal, die Deckenmalereien grandios. Und natürlich habe ich es nicht unterlassen, die beiden Türme zu besteigen und die wunderbare Aussicht zu geniessen. Zu den 34,5 Tageskilometern müssen also noch viele Treppenstufen addiert werden.

La Romieu heisst übrigens auf Gasconisch »Rompilger«. Das kommt daher, dass der Ort 1062 von zwei deutschen Mönchen, die vorher nach Rom gepilgert waren, gegründet wurde. Es ist also kein Wink mit dem Zaunpfahl an den heutigen Jakobspilger, der sagen will, dass man auch mal nach Rom oder gar Jerusalem pilgern könnte statt immer Richtung Santiago. Irgendwann werde ich den unbeabsichtigten Hinweis aber wohl trotzdem beherzigen.

Mit dem Chambres d'hôtes hatte ich Glück. Es ist wieder eines mit einem Zimmer bei einer Familie. Der Mann ist Belgier und spricht Französisch. Englisch und Hochdeutsch kann er aber auch mindestens so gut wie ich.

Heute bin ich zwei Pilgern begegnet. Beide haben mich überholt. Der erste war ein junger Mann, der trotz offensichtlicher Schmerzen in den Beinen mit Hilfe von zwei Trekkingstöcken an mir vorbeischoss. Der zweite war der erste Fahrradpilger, den ich seit Genf sah.

Ich sah auch wieder vier Rehe. Und hier in der Ortschaft gibt es überall Skulpturen von Katzen. Leider habe ich keine Ahnung wieso.

Tag 26

Condom

12.00 Uhr

Sitze in Condom in einem Restaurant gleich neben der Kathedrale, welche wieder mal beeindruckend war. Am schönsten fand ich es jedoch, dass gerade in dem Augenblick, als ich zur Kapelle hinter dem Hauptaltar kam, da ein Kind getauft wurde.

Konnte es natürlich auch nicht lassen, mich zusammen

mit den überlebensgrossen Musketieren, welche bei der Kathedrale stehen, zu fotografieren.

Als ich der Stadt langsam etwas näher kam, sah ich den ersten Stein mit einer Muschel, wie er in Spanien für die Markierung der Wege üblich ist. Hier wird statt mit diesen Steinen und den gelben Pfeilen mit »normalen« Wegweisern und weiss-roten Markierungen angezeigt, wo der Weg verläuft. Auf dem Stein stand unten (frei übersetzt): »Pilger, die Wanderfreunde von Condom heissen dich herzlich willkommen.« Wanderfreunde von Condom? Wanderfreunde vom Kondom? Ich war belustigt. Aber es hat eigentlich nichts miteinander zu tun. Und die Einwohner hier selber scheinen das mit einem Augenzwinkern zu sehen, denn es gibt hier sogar ein Museum, welches den Präservativen gewidmet ist.

Kurz später trat ich in Hundekacke. Robidogs suche ich in Frankreich vergebens. Hunde kacken aber auch hier. Ich wollte mich schon ärgern, da kam ich zu einer Strasse mit dem Namen »Bagatelle«. Da konnte ich es auf die leichte Schulter nehmen. Und die Stadt hat es mir jetzt mehr als entschädigt.

Larressingle

15.00 Uhr

Bin absichtlich etwas vom Weg abgekommen. Manchmal lohnen sich kurze Umwege. So wie damals vor über zwei Jahren, als wir noch einen Abstecher nach Eunate, zu dieser wunderbaren achteckigen Kirche, machten. Auch der kurze Umweg hierher hat sich gelohnt! Larresingle ist ein kleinesMittelalterliches Dorf, welches von einer Mauer umgeben ist. Um durch das Tor dieser Mauer gehen zu können, musste ich zuerst eine Brücke über einen Burggraben überschreiten. Und das Coolste ist, dass das kleine Dorf zum Teil immer noch lebt. Ich sitze im Moment in diesem Dorf vor einer Bar und geniesse einen Früchtecocktail.

Habe hier noch kurz mit einem französischen Touristen gesprochen. Vielleicht ist er auch Pilger, sicher ist er Pilger, aber er pilgert im Moment nicht. Er ist mit Freunden hier, zeigt ihnen den Ort, versucht das Unerklärliche zu erklären. Er ist schon drei Mal von Le Puy nach Santiago gepilgert. Nun möchte er hier an einem Wochenende mit dem Auto seinen Freunden die Schönheit des Weges zeigen.

Camping La Rose d'Armagnac bei Montréal-du-Gers

19.00 Uhr

Öfter mal was Neues! Wieder bin ich auf einem Campingplatz. Und wieder bin ich der einzige Gast. Dieses Mal übernachte ich aber nicht in einer Hütte, sondern in einem Wohnwagen. Das habe ich bis jetzt auch noch nie gemacht. Allerdings ist der Wohnwagen sehr gross. Ich glaube, ich habe einen so grossen Wohnwagen höchstens schon beim Zirkus gesehen.

Da der Campingplatz mehr als zwei Kilometer abseits des Jakobsweges und von Montréal liegt, hat mich der Besitzer bei meinem Reservationsanruf gefragt, ob er mich in Montréal abholen soll. Da ich nicht päpstlicher sein wollte als der Papst (nur so eine Redewendung – ich mag Franziskus I.), habe ich Ja gesagt. Er wird mich morgen um 7.30 Uhr wieder zu genau der Stelle fahren, an der er mich abgeholt hat. Ich werde also trotzdem den ganzen Weg gegangen sein – wie wenn ich in Montréal eine Unterkunft gefunden hätte. Da hat aber niemand auf meine mehrmaligen Anrufversuche reagiert. Es war trotzdem ein komisches Gefühl, sich nach fast einem Monat mal wieder ohne eigene Anstrengung fortzubewegen. Zumindest wenn ich die Liftbenutzung im Hotel in Cahor nicht zähle. So, genug gebeichtet.

Ich sitze vor dem Camper an einem Tisch. Hier draussen ist es schön ruhig. Ich geniesse es, hier zu sitzen, den Grillen und Vögeln zu lauschen und meine Cola zu trinken.

Habe heute zu Fuss 29,8 Kilometer zurückgelegt. Dabei bin ich nur einem Pilger begegnet. Einem Helden. Ein Pariser (passt ja zu Condom). Rentner. Er ist im Frühling in Vézelay gestartet, ging dann über Saint-Jean-Pied-de-Port nach Santiago, weiter nach Finisterre und Muxia und wieder nach Santiago. Dann machte er sich auf den Rückweg. Wieder auf dem Camino Francés nach Saint-Jean-Pied-de-Port. Und von dort ist er nun unterwegs nach Le Puy. Er kam mir also entgegen! Ehre, wem Ehre gebührt.

Hier fliegen sogar Fledermäuse.

Morgen wird die Zeit umgestellt. Das heisst, dass ich morgen relativ lange schlafen kann, denn um 7.30 Uhr ist ja eigentlich schon 8.30 Uhr. Das hört sich gut an, ist für mich aber eher negativ, da ich bis jetzt immer kurz nach Sonnenaufgang starten und noch vor Sonnenuntergang ankommen konnte. Nun wird es am Abend manchmal Nacht und die Benutzung der Stirnlampe wohl öfters notwendig sein. Natürlich könnte ich das Ganze einfach ignorieren und eine Stunde früher starten. Aber es gibt hier in den Unterkünften halt oft Frühstück – und das gibt es nicht um 6.30 Uhr und ich möchte auch nicht unbedingt darauf verzichten. So soll es halt sein. Aber ich begreife das mit der Zeitumstellung eh nicht ganz. Mir wurde es zwar schon erklärt, aber ich finde es irgendwie trotzdem überflüssig. Aber ich will nicht motzen. Eigentlich ist ja die Winterzeit die »richtige« Zeit und mir kam in den letzten Wochen die Sommerzeit schon gelegen.

Tag 27

Eauze

12.00 Uhr

Sitze hier auf einer Steinbank neben der Kirche und geniesse mein eben beim Bäcker gekauftes Brot und die Getränke. Es ist dunkles Olivenbrot und schmeckt sehr gut. Sie können es also doch, wenn sie nur wollen.

Die Landschaft war heute Vormittag durch Weinberge geprägt, was nicht erstaunt, denn dies ist die Region, in der der Armagnac, der Branntwein, welchen ich vor einigen Tagen nach dem Abendessen bezahlt bekommen habe, hergestellt wird. Eigentlich sind es aber eher Rebflächen als Rebberge, denn die Gegend hier ist ziemlich flach.

Musste heute Morgen noch viel über meine Exerzitienübung von gestern nachdenken. Es ging darum, über die Vögel in der Bergpredigt zu meditieren. Die Vögel, die sich keine Sorgen machen und doch täglich was zu essen und trinken haben. Und Jesus sagt da auch, dass auch wir so sein sollen, denn wir sind doch viel mehr als die Vögel und Gott werde auch für uns sorgen.

Wo kann man das besser üben als auf einer Pilgerreise? Hier in der Fremde kann ich mir nicht über jeden Tag Sorgen machen. Ich vertraue Gott, dass ich auch am nächsten Tag was zu essen und trinken und einen Platz zum Schlafen finden werde. Ich gehe einfach weiter und vertraue darauf, dass es weitergehen wird.

Leider wird dieses Gefühl in Frankreich etwas getrübt. Man kann hier Plätze in Herbergen reservieren. Da jetzt schon viele Herbergen geschlossen sind und man auch bei den offenen oft schräg angeschaut wird, wenn man abends ohne Reservierung eintrifft, heisst das in letzter Konsequenz, dass man buchen sollte. Seit ich bei der geschlossenen Herberge angerannt bin, buche ich also meine Unterkünfte in den kleineren Orten. Herbergen (Gîtes). Unterkünfte auf Campingplätzen. Chambres d'hôtes. Ich mag die Chambres d'hôtes – vor allem die nicht hotelartigen – da man dort viel von Land und Leuten mitbekommt. Wenn ich denke, dass ich am Abend an einem grösseren Ort bin, verzichte ich allerdings auf die Buchungen, um dem Ideal der Vögel wieder etwas näher zu sein. Oft bin ich dann halt in einem Hotel, weil das abends und ohne Reservation am unkompliziertesten geht. Aber auch die Hotels haben Vorteile. Ich kann da zum Beispiel meine Exerzitenübungen am ungestörtesten machen. Jedenfalls freue ich mich diesbezüglich auf Spanien. Da ist das alles viel weniger kompliziert.

Keine Sorgen wie die Vögel. Das heisst meines Erachtens auch, sich nicht von unnötigen Ängsten übermannen zu lassen. Nur wer nicht von Ängsten zerfressen ist, kann sich voll öffnen. Ängste kann man bekämpfen, indem man sich ihnen aussetzt, Grenzerfahrungen macht. Dabei müssen diese Grenzerfahrungen nicht etwas völlig Neues für die Menschheit sein. Es genügen persönliche Grenzerfahrungen. Und auch das Risiko muss nicht extrem hoch sein – es geht nicht um Gefahr, sondern um Angstüberwindung. Solche Grenzerfahrungen bringen mich weiter. Deshalb laufe ich nun einen Jakobsweg quer durch ganz Frankreich und bin ihn vor zwei Jahren durch ganz Spanien gegangen. Deshalb bin ich Bergsteiger und Feuerläufer. Deshalb mache ich Bungeesprünge und Fallschirmsprünge (mit einem Profi). Das bringt mich näher zu mir. Das stärkt mein Gottvertrauen. Natürlich haben alle diese Tätigkeiten noch andere, jeweils spezifische Vorteile, die sie für mich sehr schön machen. Aber ich finde, dass diese spirituelle Komponente wichtig ist und nicht vergessen werden sollte.

Habe ich es bei meinem Job übertrieben? Nein, die Kündigung musste sein. Und ich habe auch das Vertrauen in Gott, dass er mir den richtigen Weg zeigen wird.

Nagaro – Hôtel Le Commerce

18.30 Uhr

Beim Hoteleingang war der Preis für das Zimmer wie üblich angegeben. Daneben stand, dass dieser sich ändern könne, wenn gerade ein »circuit« wäre. Was für ein »circuit«? Offensichtlich gibt es hier eine Motorsportrennstrecke. War mir nicht bewusst. Wieder eine Bildungslücke geschlossen.

Witzig finde ich, dass der Name dieser Ortschaft – also Nagaro – den gleichen Ursprung hat wie der Name meiner Heimatgemeinde Nuglar, in der ich auch aufgewachsen bin. Beides leitet sich vom lateinischen Nogarium, also Nussbaumpflanzung/Nussbaumwäldchen, ab.

Auf den heute zurückgelegten 36,2 Kilometern ist mir kein anderer Pilger begegnet.

Am Horizont erahnt manMittlerweile die Pyrenäen.

Tag 28

Aire-sur-l'Adour – Hôtel de la Paix

15.30 Uhr

Bin heute drei Pilgern begegnet. Einem Westschweizer, der nicht gesprächig war. Einer jungen hübschen französischen Pilgerin, welche am Freitag irgendwo angefangen hat und nun bis Sonntag so weit geht, wie sie ihre Füsse tragen. Es sieht so aus, als ob dies nicht allzu weit wäre, denn sie hat eine riesige Blase an ihrer Ferse und humpelt nur noch in ihren Trekkingsandalen statt ihren Wanderschuhen vorwärts. Dann traf ich noch eine etwa 45-jährige Kanadierin aus Toronto. Mit ihr bin ich für etwa fünf Stunden gegangen. Sie war froh, mal wieder reden zu können, denn ihr Französisch ist noch bruchstückhafter als meines und das Englisch der Franzosen sucht man oft vergebens. Als sie mir sagte, dass sie vor zwei Jahren den Weg von Saint-Jean-Pied-de-Port nach Santiago gegangen war, war ich verblüfft, als sie mir aber sagte, dass sie am 20. September in Saint-Jean-Pied-de-Port gestartet und am 2. November zu ihrem Neffen in Holland geflogen war, war ich sprachlos! Das war das Datum, an dem auch ich gestartet war! Und das war das Datum, an dem ich nach Hause flog! Nun will sie das Stück von Le Puy nach Saint-Jean-Pied-de-Port machen. Es hat mich dann schon fast nicht mehr überrascht, dass sie ihre Reise in Le Puy am 30. September begonnen hat – das gleiche Datum, an dem ich in Genf aufgebrochen bin!

Sie konnte mir auch den Grund erklären, wieso in La Romieu so viele Katzenskulpturen rumstehen. Dazu gibt es eine Sage. Irgendwann imMittelalter hatte La Romieu Probleme mit der Ernte. Es war ein schlechtes Jahr und es konnte nichts geerntet werden. Die Leute hungerten. In ihrer Verzweiflung haben sie ihre Katzen gegessen. Nur ein kleines Mädchen konnte irgendwo in ihrer Scheune ihre beiden Katzen verstecken. Im nächsten Jahr war die Ernte wieder gut. Aber weil es keine Katzen mehr gab, fielen die Ratten über die Ernte her. Ausser dem kleinen Mädchen wusste niemand von den beiden Katzen, die immer noch in ihrem Versteck waren und (es waren ein Männlein und ein Weiblein) dieMittlerweile munter etwa 20 weitere Katzen geboren hatten. Als die Ratten überhandnahmen, getraute sich das Mädchen, die Katzen zu zeigen. Diese frassen die Ratten und retteten La Romieu vor einer weiteren Hungersnot. Man versprach, niemals mehr Katzen zu essen.

Und sie hat mir ein billiges Hotel empfohlen. Hier bin ich nun – in einem Hotel, fast zum Preis eines Gîtes, zugegebenermassen etwas alt (nicht im Sinn von antik!) und das WC ist im Gang. Aber mir gefällt es hier für eine Nacht.

Tageskilometer: 27

17.00 Uhr

War zum ersten Mal seit Le Puy im Internet. Nichts wirklich Neues kam dabei raus. Ausser natürlich dass meine Facebookseite »Pilgertouren« zum ersten Mal über 1 000 Likes hat. Freude herrscht.

Dann habe ich die Kathedrale Saint Jean-Baptiste besucht. Die Franzosen scheinen zwar in jedem Mittelgrossen Kaff eine Kathedrale zu haben, aber sie wissen auch, wie man eine bauen muss. Die Fenster, die Wandmalereien. Einfach wunderschön. Habe übrigens nichts gegen Aire-sur-l'Adour mit seinen rund 7 000 Einwohnern. Ein gemütlicher Ort. Mir fällt nur auf, dass ich seit Genf noch in keinem wirklich grossen Ort war und trotzdem schon einige Kathedralen gesehen habe. Es fasziniert mich.

18.00 Uhr

Warnung! Duschen kann gefährlich sein. Ich trage beim Duschen natürlich die Brille nicht. Bin beim Aussteigen aus der Duschkabine auf einem vermeintlichen Teppich ausgerutscht und hart gefallen. Zum Glück ist nicht wirklich etwas passiert.

21.00 Uhr

War mit der Kanadierin und der Französin essen. Das Essen war sehr gut und die Unterhaltung sehr interessant. Jetzt freue ich mich auf den Schlaf.

Tag 29

7.30 Uhr

Habe mit der Französin und vier anderen französischen Pilgern, die offensichtlich auch in diesem Hotel übernachtet haben, gefrühstückt. Habe den vier anderen erklärt, woher ich komme. Aus der Schweiz, aus Basel. Da fragte mich einer der Einheimischen, welche an der Bar Kaffee tranken, auf Schweizerdeutsch, ob ich denn aus Basel-Stadt oder Baselland komme. Ich sagte: »Schwarzbuebe, Solothurn, Seewen.« Er kennt das, denn er ist aus Basel und war früher oft mit dem Fahrrad in Seewen. Jetzt wohnt er hier. Tat gut, mal kurz wieder Schweizerdeutsch sprechen zu können.

Miramont-Sensacq

12.45 Uhr

Der Weg heute Vormittag war über lange Strecken eine Latscherei auf flachen Teerstrassen. Mein äusserer Knöchel am rechten Fuss und meine rechte Schulter schmerzen teilweise etwas. Witzig, noch gestern habe ich mit der Kanadierin darüber gesprochen, dass es auch Pilger gibt, die sagen, man hätte gar nicht wirklich gepilgert, wenn man nicht auch gelitten habe. Ich gehöre nicht zu dieser Kategorie Pilger. Richtig gelitten habe ich ja auch nicht. Ich bin sogar froh, dass die Schulter erst jetzt schmerzt, denn sie ist meine Schwachstelle.

Bei einem Stausee bin ich auf einen französischen Pilger gestossen. Wir studierten zusammen die Orientierungstafel am Stausee. Wir waren beide etwas zu weit gegangen und nun am falschen Ufer. Jemand musste Markierungen entfernt haben. Jedenfalls haben wir sie nicht gesehen. Es war aber kein Problem, denn wir konnten einfach an diesem Ufer dem See entlanglaufen und stiessen dann wieder auf den Jakobsweg. Der Franzose ist in Le Puy gestartet und will nach Saint-Jean-Pied-de-Port gehen. Er ist eigentlich mit seiner Frau unterwegs. Nur sieht man das tagsüber nicht. Sie ist keine Wanderin. Deshalb fährt sie mit ihrem Wohnmobil jeweils an den nächsten Etappenort und die beiden übernachten dann zusammen im Wohnmobil.

Dann traf ich wieder auf die Französin. Sie sass auf einer Bank an einem Tisch irgendwo an einem Waldrand. Ich setzte mich kurz zu ihr. Wir schwatzten etwas. Sie erzählte mir von einem Pilgerweg in ihrer Heimat in Nordfrankreich zum Mont-Saint-Michel. Muss das mal googeln, wenn ich wieder zu Hause bin. Hört sich interessant an.

Hier habe ich mir beim Bäcker ein Sandwich und Cola gekauft. In der Bäckerei traf ich wieder auf den nicht so sprachwilligen Westschweizer.

Es ist wahnsinnig. Wenn ich mir die Karte der Via Podiensis anschaue und schaue, wo ich bin, dann habe ich Saint-Jean-Pied-de-Port – mein Hauptziel – schon fast erreicht! Ich weiss, dass es heute Abend noch 120 Kilometer sein werden, doch auf der Karte sieht es im Vergleich nach wenig aus.

Eben ist die Kanadierin an mir vorübergezogen. Da ich gerade am Schreiben war, sprachen wir nur kurz und sie ging weiter. So finde ich das Gehen hier angenehm. Es gibt nicht dauernd Pilger, man kann lange alleine gehen, aber es sind Pilger da und man kann zwischendurch mal kurz was schwatzen oder auch mal für einige Stunden gemeinsam gehen.

Natürlich kann nichts das übertreffen, was ich vor zwei Jahren hatte, als ich ab meiner dritten Etappe mit meiner neuen Freundin gehen konnte und was den ohnehin fantastischen Weg dadurch unvergleichlich machte.

Arzacq-Arraziguet – Gîte communal

17.15 Uhr

Bin die letzten drei Stunden nochmals mit der Kanadierin gegangen. Man merkt, dass sie Läuferin ist – sie geht richtig schnell. Der Weg blieb ähnlich wie am Vormittag, weshalb ich etwas Unterhaltung schätzte. Sie erzählte mir, dass sie sich überlege, mal freiwillig in einer Herberge mitzuarbeiten. Ich erzählte ihr von meiner Ausbildung zum Pilgerbegleiter. In Pimbo konnten wir etwas trinken. Da ich mir hier mein Spezi immer selber mischen muss, trinke ich eigentlich zwei Getränke, wenn andere eines trinken. Deshalb war ich etwas später fertig. Ich ging also erst nach ihr in die Kirche der ehemaligen Benediktinerabtei. Als ich die Kirche betrat, stand sie vor der am Boden liegenden und völlig zerstörten Skulptur von Jean d'Arc. Sie beteuerte, dass sie unschuldig sei. Ich war mir anfangs nicht ganz sicher, ob dies nicht ein später Racheakt der englischsprachigen Welt war. Doch Absperrbänder, welche über der Statue lagen, konnten die Zweifel beseitigen.

Ausser den vier beschriebenen Pilgern habe ich heute auf 33,1 Kilometern keine anderen Pilger angetroffen. In der Gîte sind wir vier Personen.

20.45 Uhr

Die Kanadierin und ich gingen zusammen einkaufen. Dann haben wir in der Küche der Gîte zusammen gegessen. Die gerade erst angekommene Französin (am Anfang des Essens) stiess zu uns und wir hatten nochmals eine fröhliche, gesellige Runde im gleichen Kreis wie gestern im Restaurant, denn wir waren in der Küche der Gîte alleine. Dann haben wir noch E-Mail-Adressen ausgetauscht und uns eine gute weitere Pilgerreise gewünscht, denn ich habe vor, morgen etwas weiter zu gehen als sie. Vielleicht sehe ich sie ja im Verlaufe des Tages noch.

Tag 30

Hütte nach Arthez-de-Béarn

15.45 Uhr

Der Himmel ist blau. Die Temperaturen fast etwas zu warm für die Jahreszeit. Habe bis jetzt nur den wortkargen Westschweizer angetroffen. Ein Tag für mich. Ein Tag zum Geniessen.

Ich hätte auch gerne mal etwas zu essen oder wenigstens zu trinken genossen. Bis jetzt sitze ich aber auf Wasser. Arthez-de-Béarn war diesbezüglich eine Enttäuschung. Viele Shops. Einige Restaurants. Alles geschlossen.

Nun sitze ich hier mit meinem Wasser in einer eigentlich schäbigen Hütte, die aber zu einem Ruheort für Pilger umfunktioniert wurde. Ein Tisch. Stühle. Ein Abfalleimer. Muscheln. Ich finde das genial. Das ist alles, was es braucht, um diesen Schuppen zu einem willkommenen gemütlichen Pilgeraufenthaltsort zu machen. Gut, ich hätte nichts gegen einen Cola-Automaten, aber man kann ja nicht immer alles haben.

Argagnon

17.30 Uhr

Sitze hier vor dem offenen Fenster einer Backstube und geniesse die Düfte und meine Cola und mein Sandwich, die ich im dazugehörenden Laden einkaufen konnte. Endlich was Stärkendes!

Unterwegs konnte ich zwei Gleitschirmflieger mit Motorpropellern auf dem Rücken beim Starten beobachten. Als sie in der Luft waren, müssen sie sich da oben ähnlich frei gefühlt haben wie ich mich hier unten auf dem Jakobsweg. Nur mache ich – zumindest wenn ich es höre – etwas weniger Lärm.

Maslacq – Hôtel Maugouber

18.30 Uhr

Der Rest war ein Katzensprung über nicht ganz sieben Brücken. Eigentlich waren es nur drei Brücken: über die Eisenbahn, über den Fluss Gave de Pau und über die Autobahn.

Tageskilometer: 40

Tag 31

Navarrenx

12.45 Uhr

Genau vor einem Monat bin ich in Genf gestartet. Nun sitze ich hier in der Taverne de Saint-Jacques. Ein ganzer Monat. An der Länge meines Bartes erkenne ich, dass es stimmen muss. Auch daran, dass ich die Pyrenäen nun klar sehe. Sonst wüsste ich nicht, wie lange ich schon unterwegs bin. Manchmal fühlt es sich so an, als ob ich gestern in Conques und vorgestern in Le Puy gewesen wäre und als ob ich vor rund drei Tagen in Genf gestartet wäre. Und manchmal bin ich einfach hier. Zeitlos. Als wäre ich zu einem Teil des Weges geworden. Und der Weg zu einem Teil von mir.

Aroue – Gîte communal

19.00 Uhr

Obwohl ich heute 41 Kilometer zurückgelegt habe, habe ich ausser dem schweigsamen Westschweizer keinen Pilger angetroffen. Er überholte mich, als ich im Gartenrestaurant der Taverne in Navarrenx sass und meinMittagessen genoss.

Heute habe ich unterwegs einen Heissluftballon gesehen. Das erinnerte mich daran, wie ich zusammen mit Sarah vor etwa einem Jahr in einem Heissluftballon fuhr. Ich hatte mir das zu meinem 40. Geburtstag selber geschenkt. Es war einfach ein herrliches Gefühl, wie wir über die Felder, Rebberge und Ortschaften schwebten. Bei einem Wald berührten wir fast die Kronen der Bäume. Freiheit. Fast so wie hier auf dem Jakobsweg.

Die letzte halbe Stunde heute war etwas kritisch. Es wurde dunkel. Und ausgerechnet jetzt verlief der Jakobsweg auf der Hauptstrasse. Zum Glück hatte ich meine Stirnlampe griffbereit. Aber etwas mulmig war mir schon. Ich war immer wieder sprungbereit, falls ein Auto mir zu nahe kommen sollte, aber es ging alles gut.

Als ich bei der Herberge ankam, war niemand da. Ich musste irgendwo anrufen – die Nummer lag auf dem Tisch. Nach einigen Minuten kam eine nette Dame, welche mir die Unterkunft zeigte, Getränke verkaufte und das Geld einkassierte. Es gibt hier zwölf Betten. Ich habe alle für mich. Zudem hatte ich echt Glück, denn dies ist der letzte Tag, an dem die Herberge offen hat. Ab morgen ist sie bis zum 1. April geschlossen. Kein Aprilscherz. Die Dame hat mir bestätigt, was ich schon gerüchteweise gehört habe. Da im Winter sowieso nur wenige Pilger unterwegs sind, machen dann viele Herbergen zu, welche nicht heizen wollen/können. Zumindest hier ist das so.

Tag 32

Ostabat-Asme

12.30 Uhr

Die Landschaft wird langsam wieder hügeliger. Ich habe die Ausläufer der Pyrenäen erreicht.

Ostabat-Asme ist eigentlich ein wichtiger Pilgerort. Hier vereinigen sich gleich drei Jakobswege. Die Via Lemovicensis (von Vézelay über Limoges) und die Via Turonensis (von Paris über Orléans, Tours und Bordeaux) stossen hier auf die von mir begangene Via Podiensis. Heute hier am Tisch vor der Bar merkt man davon nur wenig. Tauben gurren irgendwo, andere Vögel zwitschern, eine Hornisse begutachtet meine Orangina und eine junge Katze mich. Es ist heute ein ruhiger Ort. Gemütlich und schön. Trotzdem finde ich es schon beeindruckend, dass sich hier seit Jahrhunderten diese drei grossen Pilgerströme treffen, um nachher nach Saint-Jean-Pied-de-Port und schliesslich Santiago weiterzugehen. Auf dem Jakobsweg bist du nie alleine. Es ist immer jemand hinter und jemand vor dir. Tausende sind den Weg schon gegangen. Tausende werden ihn noch gehen. Und selbst wenn du mal tagelang keinen anderen Pilger siehst, so weisst du doch, dass irgendwo jemand vor und jemand hinter dir ist. Und alle sind ausgerichtet auf dasselbe Ziel. Das trägt. Das gibt Kraft.

Sarah und ich haben uns vor zwei Jahren in Burgos jeweils ein T-Shirt mit der Aufschrift »You will never walk alone. Camino de Santiago« gekauft. Selbstverständlich hatte das für ein frischverliebtes Paar, welches sich auf dem Jakobsweg gefunden hat, auch nochmals einen anderen Sinn.

Bussunarits – Chambres d'hôtes Ferme Etxekonia

18.00 Uhr

Wie viele Eidechsen ich diesen Monat wohl gesehen habe? Unzählige. Andere Pilger sah ich hingegen keine auf den 39,2 Kilometern, welche ich heute zurückgelegt habe.

Fast hätte ich die Gegend hier mit dem Appenzellerland verglichen. Überall diese sanften grünen Hügel. Viele Wäldchen, aber keine Wälder. Die Siedlungen sind nicht ganz so verstreut wie im Appenzellerland, aber fast. Und im Hintergrund thronen die Pyrenäen fast wie der Alpstein. Doch dann stehen plötzlich irgendwo wieder Palmen.

Nur noch wenige Kilometer trennen mich vom eigentlichen Ziel meiner diesjährigen Pilgerreise. Wenn nichts Ausserordentliches dazwischenkommt, werde ich morgen Saint-Jean-Pied-de-Port durchschreiten. Zwei Jahre zuvor wagte ich dort am 20. September meine ersten Pilgerschritte. Und ich bin dann von dort zu Fuss nach Santiago und Finisterre und Muxia gepilgert. Ich werde morgen also in zwei grossen Etappen von Genf nach

Santiago und Finisterre gegangen sein. Basel–Genf folgt in Tagesetappen, ist zum Teil schon gemacht. Das Ziel war der Start.

Der Weg ist das Ziel. Das Ziel (Santiago) ist das Ziel. Beides ist wahr. Doch auch der Start ist das Ziel. Nicht nur auf meiner diesjährigen Pilgerreise, sondern generell. Der erste Schritt ist extrem wichtig. Wer nie aufbricht, wird nie auf dem Weg sein und schon gar nie ans Ziel kommen. Träume sind sehr wichtig und schön. Doch wer sich nie aufmacht, sie zu verwirklichen, der hat etwas verpasst. Darum sollte man möglichst oft einen ersten Schritt wagen. Der Start ist das Ziel.

Ich habe noch rund zwei Wochen Zeit, bis ich wieder nach Hause muss. Vor einigen Tagen habe ich der Kanadierin erzählt, dass ich noch nach Pamplona gehen möchte und dann den Zug nehmen will, um eine andere Route zu machen, die in Santiago endet. Sie fand den Gedanken, dass eine so lange Pilgerreise in Santiago enden sollte, so ansprechend, dass sie fast etwas Ähnliches gemacht hätte und nach Sarria gereist wäre, um von da nach Santiago zu wandern. Aber sie muss vorher nach Hause. Ich habe ihr auch erzählt, wie Sarah und ich uns auf dem Jakobsweg kennenlernten. Und dass ich auf dem Weg nach Pamplona deshalb auch in Zubiri übernachten möchte. Sie grinste nur breit und meinte, dass ich irgendwie auch nach Zubiri pilgern würde. Ja, irgendwie pilgere ich auch nach Zubiri.

Jedem Anfang wohnt ein Zauber inne.

20.15 Uhr

Habe das Abendessen mit der Familie eingenommen. War sehr interessant. Die Frau erzählte mir von den baskischen Auswanderungswellen nach Australien, Südamerika und in die USA. Die Hunderasse, die sie hat, der Australische Schäferhund, heisst gemäss ihr nur so, weil sie über Australien in die USA kam, wo sie offiziell anerkannt wurde. Es seien aber eigentlich Hunde, die baskische Auswanderer mit nach Australien genommen hätten. Dann erzählte sie mir noch von einem älteren Pilger, der von seiner betagten Mutter eine Adresse in diesem Dorf erhalten hatte. Die Mutter und der Pilger waren Deutsche. Die Mutter stammte von einem Bauernhof, in dem französische Häftlinge im Krieg untergebracht waren. Der Pilger hätte hier ahnungslos seine Halbbrüder gefunden. Der Mann der Familie hier – ein Bauer – sagte ständig etwas auf Baskisch. Die Frau antwortete höflichkeitshalber auf Französisch. Dann kam noch kurz ein Spanier rein, der im Moment für einige Zeit hier lebt. Auch er ein Baske. Alle redeten Baskisch. Ich verstand nichts mehr, aber ich fand es interessant, die Sprache mal aus der Nähe zu hören.

Tag 33

Saint-Jean-Pied-de-Port

8.45 Uhr

Geschafft! So ein geiles Gefühl!
  Ultreia.

Beim Kreuz in den Pyrenäen (Croix Thibaud)

12.30 Uhr

Ach ist es schön, wieder hier zu sein! Dieses Kreuz ist das Hintergrundbild auf meinem iPad. Es symbolisiert für mich irgendwie, auf diesem Weg zu sein. Es ist ein schlichtes Kreuz aus Stein mit keltischen (wenigstens sehen sie für mich so aus) Verzierungen am Rande. Vor zwei Jahren wehten darum herum noch tibetische Gebetsfahnen. Am Fuss des Kreuzes steht: »Je suis le chemin.« Dies ist mein Weg!

Es ist auch schön, wieder im Gebirge zu sein. Nach Tagen im Flachland ist es sehr angenehm, wieder mal Höhenluft atmen zu können und die Erhabenheit der Berge zu spüren. Auch wenn dies eigentlich eher Hügel als Berge sind, so spüre ich hier trotzdem diese Erhabenheit. Das hat sicher auch mit dem Jakobsweg zu tun.

Vor zwei Jahren stand kurz vor hier ein Auto, dessen Besitzer Kaffee und Bananen verkauft hat. Leider fehlte es heute. Es stand ein Wohnmobil da. Trotzdem habe ich kurz gewartet und an die Pilgerreise von vor zwei Jahren gedacht. Es war ein ähnlicher Tag wie heute. Blauer Himmel. Die Sonne schien. Nur blies damals ein heftiger Wind. Heute ist es fast windstill. Der Wind blies mir fast meinen Kaffee aus dem Becher. Da kam sie. Ich habe sie vorher nie gesehen. Doch nun sah ich den Himmel in ihren blauen Augen. Ich wusste sofort, ich wollte mit ihr gehen. Doch ich wollte nicht aufdringlich sein. Ich machte einen Spruch, der irgendwie beinhaltete, dass ich Schweizer war. Dann zog ich weiter. Das war meine erste Begegnung mit Sarah.

Roncesvalles – Herberge der Abtei

15.30 Uhr

Auf den 33,4 Kilometern bin ich heute von rund 200 Metern über Meer auf über 1 400 Meter über Meer auf- und wieder auf 1 066 Meter über Meer abgestiegen. Eine wirklich sehr schöne Wanderung. Doch eine Heldentat oder gar ein Notfall, wie man oft hört oder liest, war es sicher nicht. Ich hatte auch keinen Müsliriegel dabei.

Pilger sah ich bis Saint-Jean-Pied-de-Port keine. Ab dort sah ich nie mehr keine. Nein, es war nicht überlaufen. Aber es war immer irgendwo jemand in Sichtweite. Es war anzahlmässig, als ob sich alle Pilger, die ich auf den 1 070 Kilometern zwischen Genf und Saint-Jean-Pied-de-Port getroffen habe, hier versammelt hätten, um mit mir die Pyrenäen zu überqueren. Während ich bis jetzt versuchte, jede Pilgerin und jeden Pilger fein säuberlich in meinem Tagebuch festzuhalten, wäre das hier völlig witzlos. Einzig beim angeblich steilen Abstieg am Schluss wurde es wieder ruhiger. Die Führer scheinen sich einig zu sein, dass sie diesen wunderschönen Weg nicht mögen, weshalb hier viele Pilger einen Umweg machen.

Ich habe heute auch die Grenze zwischen Frankreich und Spanien überschritten. Frankreich ist also durchschritten.

Die Herberge hier ist gross, aber zweckdienlich. Und es ist nicht mehr der grosse Schnarchsaal, den man vielleicht noch aus Filmen kennt. War es vor zwei Jahren schon nicht mehr. Es hat hier zwar immer noch sehr grosse Räume – diese sind aber unterteilt in Abteile mit jeweils vier Betten, wovon jeweils zwei übereinander sind. Ich bin wieder oben.

Vor zwei Jahren sass ich hier im Gang der Herberge und ass Gummibärchen, welche ich eben aus einem Automaten herausgelassen hatte. Da sah ich sie das zweite Mal. Sie kam aus dem Raum mit den Waschmaschinen und sagte auf Hochdeutsch: »Hallo.« Das war mein erster Pilgertag. Ich dachte damals, Gummibärenessen sei nicht pilgermässig. Darum grummelte ich nur etwas Unverständliches in meinen am ersten Pilgertag noch nicht wirklich vorhandenen Bart und liess sie weitergehen. Ich hätte es besser wissen müssen. Ich hatte die Gummibären ja eben hier aus dem Automaten rausgelassen. Aber diese Frau beeindruckte mich. Meine Traumfrau. Ja, ich war in sie verliebt. Ich sah sie an diesem Tag nicht mehr. Aber ich wusste ja, dass sie da war. Die Herbergstüre wird hier abends um 22.00 Uhr geschlossen und morgens um 6.30 Uhr geöffnet. Man muss die Herberge bis 8.00 Uhr verlassen haben, aber praktisch alle gehen früher, obwohl dies eigentlich für die 22,8 Kilometer nach Zubiri nicht nötig ist. Ich war also am Morgen zur Türöffnungszeit an der Türe. Dann wartete ich eine knappe Stunde und schaute mich nach ihr um. Als nur noch sehr wenige kamen, machte auch ich mich auf den Weg. Ich musste sie in der Dunkelheit irgendwie übersehen haben. Ich wusste damals noch nicht, dass Sarah nicht gerne früh aufsteht, wenn es nicht nötig ist.

19.30 Uhr

Heute ist Allerheiligen. Die Messe fand heute schon um 18.00 Uhr statt. Normalerweise ist sie hier um 20.00 Uhr. Natürlich ging ich zur Messe. Auf Pilgerreisen hat man komischerweise verhältnismässig wenig die Gelegenheit, zur Messe zu gehen. Man zieht ja immer weiter. Die Messe in der nicht riesigen, aber wunderschönen Kirche von Roncesvalles war bewegend. Immer wieder fiel mein Blick auch auf die versilberte Statue der Maria, welche vorne aufgestellt ist. Es wurde viel Weihrauch eingesetzt. Ich mag diesen Duft. Er erinnert mich irgendwie an meine Zeit als Ministrant. Am Schluss der Messe durften alle Pilger nach vorne gehen und erhielten einen Pilgersegen. Dazu wurden die Lichter abgestellt und die Kirche war nur noch von einigen Kerzen beleuchtet. Als die Messe vorbei war, erhielten wir noch eine kurze Führung. Wir durften den Kreuzgang besichtigen. Dann sahen wir die Kirche von oben, als wir im schmalen Chorsaal der Kirche waren, und stiegen schliesslich zur eindrucksvollen Krypta hinunter.

Heute vor genau zwei Jahren war mein letzter voller Tag in Santiago. Sarah und ich waren nach unserer Ankunft in Santiago und einem Ruhetag nach Finisterre weitergewandert. Wir genossen dort nach der Durchwanderung von ganz Spanien ein Bad im Meer und später am Kap einen wunderschönen Sonnenuntergang. Wieder legten wir einen Ruhetag ein. Dann wanderten wir weiter nach Muxia zu den eindrucksvollen Steinen. Bei einem weiteren Ruhetag beendeten wir dort unsere Pilgerreise. Schliesslich fuhren wir mit dem Bus zurück nach Santiago. Sarah musste abreisen. Mit zwei Freunden, die ich ebenfalls auf dem Camino kennengelernt habe, feierte ich Halloween in Santiago. Santiago liegt in Galicien, welches stolz auf seine keltischen Wurzeln ist. Es ging also die Post ab. An Allerheiligen ging ich dann um 12.00 Uhr zur Pilgermesse, welche sehr speziell war. Es fand eine Prozession in der Kirche statt und am Schluss wurde das grosse Weihrauchfass durch die Kirche geschwenkt. Dann war damals auch meine Pilgerreise zu Ende. Am nächsten Tag flog ich nach Hause.

Tag 34

Bizkarreta-Gerendiain

Es ist schon eine ziemliche Umstellung von Frankreich nach Spanien. Zuerst mal spreche ich die Sprache hier nicht. Ich nehme mir hiermit mal wieder vor, sie zu lernen. Dann sind die Markierungen anders – hier hat es nun die gelben Pfeile und die Steine mit den Muschelsymbolen, was mich sehr freut, weil dies für mich die typischen Symbole eines Jakobsweges sind. Teilweise findet man aber noch die rot-weissen Markierungen des Jakobswegs in Frankreich. Die grösste Umstellung ist aber ehrlich gesagt schon die Anzahl der Pilger. Ich bin mehr als einen Monat später hier als vor zwei Jahren, weshalb es auch weniger Pilger sind als damals. Aber besonders in der Herberge war die Umstellung vom ruhigen Frankreich doch schwierig. Was ich damals extrem genossen habe, nämlich jederzeit wieder mit jemandem reden zu können und Leute aus allen Ländern kennenzulernen, braucht nun nach über einem Monat in der Ruhe wohl eine gewisse Zeit der Gewöhnung. Leider wurden wir heute Morgen nicht von einem singenden Hospitalero geweckt, wie das vor zwei Jahren der Fall war. Ich habe mich erkundigt. Die Hospitaleros in Roncesvalles sind teilweise Holländer und dieser spezifische Hospitalero ist nur zwei Wochen im Jahr da. Dafür wurde ich vom Rascheln vieler Tüten geweckt. Viele Pilger scheinen noch nie in einer SAC-Hütte gewesen zu sein, sonst wüssten sie, dass diese Rascheltüten von vielen Mitwanderern nicht sehr gewünscht sind. Auch sonst scheint es einigen an Erfahrung zu mangeln. Denn einige brauchten für etwas, für das man normalerweise 20 bis 30 Minuten braucht (nämlich Aufstehen, Packen, Zähneputzen, Toilette, Losgehen), über 1,5 Stunden, weshalb die, welche um 6.30 Uhr losgehen wollten, um 5.00 Uhr zu werken begonnen haben. Dabei verhielten sie sich natürlich, als wären sie in einem Einzelzimmer, machten Licht, raschelten geräuschvoll mit ihren Rascheltüten und schienen vergessen zu haben, dass sie in einem Zimmer mit vielen anderen geschlafen hatten. So stand ich um 6.10 Uhr halt auch auf und ging um 6.30 Uhr los – so früh wie noch nie auf dieser Pilgerreise. Dabei will ich doch nur nach Zubiri. Jetzt gehe ich halt besonders gemütlich.

Zubiri – Pension Zubiaren Etxea

12.30 Uhr

Ich hatte heute Glück. Auf den zurückgelegten 22,8 Kilometern drohte der Regen immer wieder – er machte aber seine Drohung nie war.

Habe ein Paar aus Rottweil getroffen, das sehr flott unterwegs war. Die waren sehr nett. Sind gestern in Saint-Jean-Pied-de-Port gestartet und schauen jetzt, wie weit sie in einer Woche kommen.

Als ich vor zwei Jahren am Morgen in Roncesvalles vergeblich gewartet hatte, ging ich los. Ich ging, so schnell es ging, wollte alle überholen, um zu sehen, ob sie irgendwo war. Ich konnte das damals, denn der Sommer vor zwei Jahren war die intensivste Zeit meiner Ausbildung zum Wanderleiter SBV. Ich hatte in den Praktikumstagen unter anderem als Hilfsleiter den Kilimandscharo zum zweiten Mal bestiegen. Ich glaube, ich habe sie tatsächlich alle wieder überholt. Doch meine Herzensdame sah ich nicht. Ich quartierte mich also schnell in einer Herberge ein. Dann setzte ich mich auf die Tollwutbrücke. Der Weg geht an der Brücke vorbei, will man nach Zubiri, muss man sie sogar überqueren. Strategisch also gut gelegen. Ich wartete. Und wartete. Dann kam sie. Begleitet von einem Schwaben. Ich hätte schneller handeln sollen! Die beiden überquerten die Brücke. Ich dann ziemlich betrübt auch. Am Dorfplatz sah ich sie sitzen. Alleine. Ich ging zu ihr. Wir stellten uns vor. Sie hiess Sarah. Sie kam aus einer kleinen Stadt aus Deutschland, die etwa 40 Kilometer von meinem Wohnort entfernt liegt. Sie spricht zwar Hochdeutsch, versteht aber Schweizerdeutsch. Ich fragte sie, ob wir am nächsten Tag zusammen gehen wollten. Sie sagte: »Ja.« Dann versuchte sie noch, in meiner Herberge einen Platz zu erhalten. Die war aber schon voll. Also musste sie in eine andere. Wir machten ab, dass wir uns am nächsten Morgen zwischen 8.00 Uhr und 8.15 Uhr treffen würden. Sie kam pünktlich um 8.15 Uhr. Dann gingen wir zusammen nach Cizur Menor (fünf Kilometer nach Pamplona), nach Santiago, nach Finisterre, nach Muxia. Wir gehen immer noch zusammen. Ich liebe sie so sehr.

Ich habe damals auf dem Brückenrand gesessen, halb an eine Hausmauer gelehnt. Dieses Haus ist die Pension

Zubiaren Etxea, wo ich heute übernachte. Das musste einfach sein.

14.30 Uhr

Zubiri ist objektiv betrachtet abgesehen von der Tollwutbrücke wahrscheinlich kein besonderer Ort. Die Legende besagt, dass tollwütige Tiere, die drei Mal unter der Brücke hindurchgeführt werden, von der Tollwut geheilt sind. Mir hat die Brücke ganz was anderes geschenkt. Zubiri heisst auf Baskisch »Ort an der Brücke«. Genau so stimmt es für mich. Und diese Brücke, an der ich heute übernachten werde, aber auch der Dorfplatz, der eigentlich der Kirchplatz ist, und überhaupt Zubiri werden für mich immer ein ganz besonderer Ort bleiben.

Ich glaube, das war Schicksal. Ich hatte schon über ein Jahrzehnt vom Jakobsweg geträumt, nachdem ich das Buch von Paulo Coelho über den Jakobsweg gelesen hatte, war aber nie aufgebrochen, da ich immer zu Hause starten wollte. Dann sagte ich mir irgendwann mal, dass ich es halt in grossen Etappen machen werde, wenn die Zeit für alles nie reicht. Und ich startete die erste Etappe da, wo Coelho gestartet war, in Saint-Jean-Pied-de-Port. Sarah hatte wenige Wochen vor ihrem Start das Buch von Hape Kerkeling gelesen und machte sich dann sehr spontan auf den Weg. So trafen wir uns. Schicksal.

Ich habe eben am Dorfplatz eine Zigarre geraucht, welche ich mir zu diesem Zweck noch in Frankreich gekauft habe. Dabei habe ich genossen, an diesem für mich ganz speziellen Ort zu sein.

16.30 Uhr

Habe mit Sarah telefoniert. War extrem schön, an diesem Ort ihre Stimme zu hören.

Tag 35

Pamplona – Städtische Herberge Jesus y Maria

Es waren einfach herrliche 21,2 Kilometer. Nochmals den Weg gehen zu können, auf dem Sarah und ich unsere ersten Schritte taten, war einfach genial. Immer wieder kamen Erinnerungen hoch. Beim Rastplatz, wo wir eine Pause einlegten. Bei dem Getränkeverkäufer nicht viel später im Wald. Überall. Einfach göttlich.

Pamplona – in einer Bar

16.30 Uhr

Pamplona ist eine fantastische Stadt, wenn man sie mal einen Nachmittag auf sich wirken lässt. Vor zwei Jahren waren wir hier nur durchgezogen, denn es war gerade ein Fest auf den Strassen im Gange (nicht das mit den

Stieren, die durch die Strassen getrieben werden – das ist früher im Jahr). Uns war das damals zu viel. Nachdem wir die beeindruckende Kathedrale besucht hatten, zogen wir weiter, vorbei an der Universität des Opus Dei nach Cizur Menor in die Herberge der Malteser-Ritter. Dort genossen wir auf dem Dorfplatz mit im Laden eingekauftem Essen und Trinken unseren ersten gemeinsamen, wunderschönen Abend. Ich bin nun hier geblieben, in Pamplona. Selbstverständlich bin ich wieder in die Kathedrale gegangen. Dann bin ich durch die Strassen geschlendert, habe den Ort bewundert und meine Tapas-Tour gestartet. Ich denke, sie wird später weitergehen.

Und ich musste eine Entscheidung treffen. Wie geht es weiter? Ich habe die Ziele, welche ich mir für die Pilgerreise gesetzt habe, erreicht. Wie soll ich weitermachen? Es ist Montag und ich habe noch bis Samstag in einer Woche (oder Sonntag) Zeit. In der dann folgenden Woche habe ich wieder Termine und sollte zu Hause sein.

Im Prinzip habe ich drei Optionen:

Ich gehe einfach weiter. In der verbleibenden Zeit könnte ich bis Burgos oder gar weiter kommen. Oder ich nehme für ein Stück den Zug (zum Beispiel nach León) und versuche dann, nach Santiago zu kommen. Oder ich versuche, meine Termine zu verschieben und gehe einfach weiter bis Santiago. Ich bin gut eingelaufen. Ich weiss, dass ich das jetzt locker könnte. Ich werde auch nicht jünger – vielleicht ist das die letzte Chance. Egal, einfach irgendwie weiter auf dem Camino Francés. Es zieht mich in diese Richtung. Richtung Santiago. Die

Versuchung ist gross. Viele haben jetzt schon gestaunt, als ich Ihnen sagte, dass ich in Genf gestartet bin. Denn ich bin bereits jetzt weiter gegangen, als alle, die in Saint-Jean-Pied-de-Port oder später gestartet sind, bis nach Santiago oder Finisterre überhaupt gehen werden. Ich könnte den Helden spielen! Doch das liegt mir nicht – ich bin eher der Hofnarr, der im Geheimen eigentlich der weise Magier ist. Trotzdem ist die Versuchung gross. Weiter auf dem Weg meiner Liebe. Doch meine Liebe ist nicht da. Ohne sie möchte ich diesen Weg vielleicht mal vorne oder hinten etwas berühren, aber nicht grosse Teile davon zurücklegen. Zudem bin ich den Weg schon mal gegangen. Wirklich fremd wäre er mir also nicht mehr. Und damit wäre ein Definitionspunkt des Pilgerns – das in der Fremde sein – etwas weg. Man entwickelt sich nur ausserhalb der Komfortzone. Erste Option verworfen.

Abbruch. Eigentlich wäre es gar kein Abbruch. Ich hätte einfach meine Ziele schneller erreicht als gedacht. Aber ich habe noch Zeit. Ich denke, es macht keinen grossen Unterschied, ob ich die ersten weiteren Bewerbungen zwölf Tage früher oder später schreibe. Ich vermisse Sarah extrem. Aber ich habe sie auf dem Jakobsweg getroffen. Sie versteht mich. Ich will in der verbleibenden Zeit noch was machen. Zweite Option verworfen.

Ich bin in einer grossen Stadt. Der Vorteil von Städten ist, dass dort Züge fahren. Irgendwo in Spanien, etwa sechs Zugstunden von hier, gibt es einen Ort namens Oviedo. Dort beginnt der Camino Primitivo. Er endet in Santiago. Er wäre in der verbleibenden Zeit unter Anstrengung vielleicht noch knapp machbar. Seit ich vor zwei Jahren von ihm gehört habe, ist er ein grosser Traum von mir. Ich bin hier, um Träume zu verwirklichen. Das Zugticket habe ich deshalb vor etwa einer Stunde gekauft. Leider fährt der erste Zug erst etwas später als um 13.00 Uhr und ich kann erst um 19.40 Uhr in Oviedo sein. Aber morgen fahre ich zum Ausgangspunkt eines weiteren Traumweges von mir und dann breche ich wieder auf Richtung Sternenfeld, Richtung Santiago.

17.30 Uhr

Bin gerade an einer Strasse vorbeigegangen, welche nach Ignatius benannt ist. Da ist mir aufgefallen, dass dieser Ort, an dem ihm eine Beinverletzung durch eine Kanonenkugel das Leben radikal verändert hat, irgendwie der richtige Ort ist, um zu neuen Wegen aufzubrechen.

Tag 36

9.00 Uhr

Die Frischlinge haben heute Morgen wieder voll zugeschlagen. Ich musste es beobachten, weil einer von ihnen das Bett direkt neben mir hatte – der Schlimmste von allen! Sein Wecker klingelte um 5.15 Uhr. Sogleich begann das Knistern der Rascheltüten. Es endete fast nie mehr. Seinen Rucksack hat er bestimmt zehn Mal ein- und ausgepackt. Ich weiss echt nicht, was er so lange tat. Lärmen. Jedenfalls verliess er die Herberge dann um 7.15 Uhr.

Da ich nun schon zwei Stunden wach war, stand ich dann auch auf. Ich war fast der Letzte, obwohl ich die meisten Pilger in der Herberge schon in Roncesvalles gesehen hatte, sie also höchstens fünf Stunden pro Tag – okay vielleicht auch sechs – reine Marschzeit machten. Wieso stehen die alle so früh auf? Erwarten sie, dass der nicht vorhandene Schnee auf dem nicht vorhandenen Gletscher am Nachmittag matschig wird? Oder haben sie im November Angst, dass es am Nachmittag zu heiss zum Wandern sein könnte? Ich zog mich dann jedenfalls kurz an und packte und da ich die Herberge erst um 8.30 Uhr verlassen musste, nutzte ich noch die Gelegenheit, um zum hier auf dem Camino Francés (in Frankreich gab es das nie) oft vorhandenen Computer in der Herberge zu gehen und etwas im Internet zu surfen. Dazu liess ich mir aus dem Getränkeautomaten (auch das gab es in Frankreich in den Herbergen selten) ein Getränk raus. Als Wechselgeld erhielt ich ein 5-Cent-Stück, welches die Kathedrale von Santiago zeigt. Ich habe es im Portemonnaie an einen separaten Ort getan – nun sehe ich immer mein Ziel vor Augen, wenn ich da hinschaue. Im Internet wurden Bilder von gestern von Roncesvalles im Schnee gepostet. Ich hatte den Schnee dort also um gerade mal zwei Tage verpasst.

Im Moment bin ich im Café Hemingway und geniesse mein Frühstück. Das Café gefällt mir. Es hat einen schicken Touch – wahrscheinlich wie zu Zeiten Hemingways. Zudem ist der Orangensaft frisch gepresst, die Schokolade eine richtige dicke Schokolade und die Croissants sind noch fast die guten französischen.

12.00 Uhr

Bin nochmals durch die Altstadt gebummelt. Zuerst nochmals zur Kathedrale, dann entlang der Stadtmauer zur Stierkampfarena, welche leider nicht von innen besichtigt werden konnte. Die Stadt scheint Hemingway sehr dankbar zu sein. Der Platz vor der Stierkampfarena ist nach ihm benannt. Dort steht auch eine grosse Büste von ihm, wo ich lesen konnte, was er überhaupt mit der Stadt zu tun hat. Noch als unbekannter Mann besuchte der spätere Literatur-Nobelpreisträger offenbar mehrmals die Stadt und war fasziniert von den Stierkämpfen. Etwas, das mich eher abschreckt. Jedenfalls hat er in seinem ersten Roman die Stierkämpfe hier beschrieben und machte sie damit weltweit bekannt. Seither kommen jährlich viele Ausländer hierher, um die Stierkämpfe und das Treiben der Stiere durch die Strassen, welches vom 7. bis 14. Juli jeden Morgen um 8.00 Uhr stattfindet, zu beobachten. Soviel ich weiss, nehmen einige davon auch an Letzterem teil. Ich ging weiter zu einer schönen Kirche, in der eine grosse Jakobsstatue steht. Nun bin ich beim Bahnhof und warte auf meinen Zug.

Der Apostel Jakobus der Ältere war einer der vier erstwählten Apostel, einer der Fischer. Als er schliesslich als erster Märtyrer der Apostel durch das Schwert hingerichtet wurde, kam sein Leichnam über Umwege nach

Santiago. Im Jahr 811 wurde dann das Grab des Apostels Jakobus wiederentdeckt. Die Iberische Halbinsel war damals zu grossen Teilen von Mauren (Arabern) besetzt. Nur das Königreich Asturien, in dem Oviedo liegt, war katholisch. Von da konnte man über die Berge relativ sicher nach Santiago gelangen, um Jakobus die Ehre zu erweisen. Der Camino Primitivo ist deshalb der älteste Jakobsweg. Er heisst also nicht Primitivo, weil sich dort so viele Primitive rumtreiben (so hoffe ich), sondern weil er der erste Jakobsweg war. Erst später wurde im Zuge der Wiedereroberung Spaniens durch christliche Truppen der heute viel berühmtere Camino Francés angelegt und mit christlichen Siedlern bevölkert. Der Camino Primitivo verlor an Bedeutung. Er wird jedoch von vielen als der härteste Jakobsweg überhaupt bezeichnet (ob die auch die Via Son Giachen im Bündnerland kennen?) und soll sehr schön sein. Ihn möchte ich nun gehen.

Im Zug

15.30 Uhr

Dieser Zug ist eine weitere Versuchung! Eben haben wir in Burgos angehalten. Ein weiterer Halt wird in Sahagún sein. In León muss ich umsteigen. Der Zug fährt dann weiter über Astorga und Ponferrada nach Santiago. Alles Orte am Camino Francés. Überall könnte ich noch ein Teilstück gehen. Oder ganz nach Santiago fahren und dort die Reise gemütlich ausklingen lassen. Für Burgos ist es nun schon zu spät. Hier haben Sarah und ich unseren einzigen Ruhetag vor Santiago eingelegt. Wie gerne würde ich nochmals irgendwann die Kathedrale von Burgos sehen, die mich damals so fasziniert hat! Und durch die Meseta wandern! In León war Sarah krank, weshalb ich darauf verzichtete, die Kathedrale, welche ebenfalls genial sein soll, zu besichtigen. Nun könnte ich dies nachholen. Astorga mit der Herberge, die den Namen »Niklaus von Flüe« trägt, ist ebenfalls eine meiner Lieblingsstädte. Dort einmal einen ganzen Tag verbringen! Auch in Ponferrada waren Sarah und ich vor zwei Jahren. Und Santiago. Santiago. Wieso nicht einfach mal für einige Tage in Santiago sein?

18.00 Uhr

Obwohl ich unterwegs teilweise den Jakobsweg sogar sah, habe ich allen Versuchungen widerstanden. Ich bin in León nicht nur aus-, sondern umgestiegen. Gegen die diversen Varianten eines Weitergehens auf dem Camino Francés hatte ich mich ja gestern schon entschieden. Es wäre noch möglich gewesen, mit dem Zug nach Santiago zu fahren. Sozusagen als Zugpilger. Vielleicht mit einem Tag Aufenthalt in León und/oder Astorga. Wohlverdient noch eine Zeit der Erholung geniessen, bevor ich wieder nach Hause muss. Aber ich weiss von meinen kürzeren Jakobswegen, bei denen es aus praktischen Gründen sinnvoll ist, zuerst nach Santiago zu fliegen und dann zum Ausgangsort zu reisen, dass es nicht das Gleiche ist, wenn man in Santiago mit einem Verkehrsmittel ankommt, wie wenn man es zu Fuss erreicht. Aber etwas ausspannen! Ja, und dann hätte ich mich immer gefragt, wie es wohl gewesen wäre, wenn ich nach meinem Weg durch ganz Frankreich noch meinen Traum verwirklicht hätte, den Camino Primitivo zu gehen.

Oviedo

20.15 Uhr

Oviedo ist ziemlich gross. Es hat über 200 000 Einwohner. Ich kam in der Dunkelheit an. Ich bin jetzt in irgendeinem Hostal in einem Einzelzimmer. Es ist eine ziemlich billige (im Sinne von nicht so gut) Absteige. Ich war nach der langen Zugfahrt müde und nahm einfach das Erste, das mir in die Augen sprang. Aber ich bin hier. Morgen geht es auf den Camino Primitivo!

Tag 37

Grado

13.30 Uhr

Es regnet. Als ob der Primitivo verhindern möchte, dass ich zum Schönwetterpilger werde. Zwischendurch schenkte er mir einen Regenbogen. Dann regnete es weiter.

Trotzdem bin ich hier richtig. Auf einem anderen Weg, aber in die gleiche Richtung. Westwärts, leicht südlich. Zum gleichen Ziel. Santiago!

Cornellana – Herberge im Kloster San Salvador

17.00 Uhr

Der Weg führte mich heute vorbei an Palmen, Orangen- und Zitronenbäumen und Kiwiplantagen. Hier hat sich einiges verändert, seit der König von Asturien Alfonso II. auf diesem Weg angeblich als erster Santiagopilger überhaupt unterwegs war.

Vom Pilgeraufkommen her scheint es hier zurzeit eher so zu sein wie in Frankreich. Auf den heute zurückgelegten 36,4 Kilometern sah ich keinen anderen Pilger. Vielleicht lag es ja am Regen. Bin völlig durchnässt.

Die Herberge hier ist zwar in einem Kloster, allerdings in einem ehemaligen Kloster. Die Kirche des etwas vom Dorf abgelegenen Klosters konnte ich betreten, da die Leute, welche sie innen gerade renovieren, nicht abgeschlossen hatten. So sieht leider auch der Rest des Gebäudekomplexes aus: renovationsbedürftig. Die Herberge ist aber in einem Nebengebäude, das renoviert ist. Es sieht eigentlich ganz komfortabel aus. Mein Raum hat acht Betten – ich glaube, es gibt auch noch andere Räume, die sind aber nicht offen. Es ist niemand hier. Kein anderer Pilger, aber auch kein Herbergsvater oder Ähnliches. Auf einem Tisch liegt eine Liste, auf der man seinen Namen usw. eintragen muss. Dort liegt auch der Stempel, den man sich selber in sein Credential machen kann. Und es steht dort eine Kasse mit der Bitte, fünf Euro zu hinterlassen. Heute bin also ich der Bewohner des Klosters. Zum Mönch oder gar Eremiten werde ich aber deswegen nicht.

Tag 38

Tineo – Hotel Palacio D Meras

16.30 Uhr

Wollte heute eigentlich weiter gehen. Aber meine rechte Schulter schmerzt heute wieder. Ziemlich. Grauenhaft. Als ich Richtung Tineo ging, sah ich immer wieder Werbung für ein Hotel, das recht ansprechend aussah und mit Extrapreisen bei der Übernachtung und beim Essen für Pilger warb. Meine Schulter wollte hier Pause machen. Der Rest wollte eigentlich weiter. Ich liess den Weg entscheiden. Bevor ich es sah, sagte ich mir: »Wenn es direkt am Weg liegt und 40 Euro oder weniger kostet, dann bleibe ich hier.« Es liegt direkt am Weg und kostet genau 40 Euro. Der Weg hat entschieden. Jetzt versuche ich mich hier etwas zu erholen. Nehme wahrscheinlich ein Bad in der Badewanne und gehe am Abend das Pilgermenü essen – ich hatte auch schon lange kein richtiges Essen mehr. Mit der Wanderung bis Santiago wird es nun knapp, aber mit der angeschlagenen Schulter muss man halt Kompromisse machen.

Der Weg war heute sehr schön. Ich komme langsam in die Hügel. Andere Pilger habe ich auf den zurückgelegten 30,8 Kilometern wieder keine gesehen. Wären die Markierungen hier nicht so gut und wäre nicht eine Infrastruktur für Pilger vorhanden, ich würde irgendwie daran zweifeln, auf dem Primitivo zu sein. Wenn die Schulterschmerzen nicht wären, würde ich diese Ruhe und Einsamkeit im Moment sogar sehr geniessen. Wenigstens liess mich der Regen heute meistens in Ruhe.

17.30 Uhr

Das Problem ist nicht, dass ich heute deutlich zu wenig Kilometer gemacht hätte. Es ist aber so, dass es hier (besonders zu dieser Jahreszeit) nicht viele Übernachtungsmöglichkeiten gibt. Deshalb muss ich mal lange und mal kurze Tage machen. Heute war eigentlich ein langer Tag angesagt, da morgen eigentlich die Königsetappe über den höchsten Punkt des Primitivos gemacht werden sollte. Vor dieser wird in meinem Führer sogar gewarnt, wenn man da beginnt, wo ich heute eigentlich hinwollte – es gibt eine abgeschwächte (vom Höhenprofil her), aber verlängerte Variante, welche auch eher wieder eine Übernachtungsmöglichkeit bieten würde. Nun muss ich morgen schauen, wie ich diese Königsetappe angehen werde. Aber ich will mich nicht beklagen. Das Hotel hat doppelt so viele Sterne (oder mehr) als der

Durchschnitt der Hotels, in denen ich bis jetzt auf dieser Pilgerreise übernachtet habe. Und natürlich mehr als jedes vorhergehende. Ich geniesse das nun einfach und schaue morgen, wie es weitergeht. Wie die Vögel in der Bergpredigt.

Was ich auf dem Primitivo aber wirklich schade finde, ist, dass hier fast jede Kirche abgeschlossen ist und man sie somit nur von aussen bewundern kann.

Tag 39

Campiello

9.45 Uhr

Jetzt bin ich da, wo ich gestern eigentlich hinwollte. Ich sitze in einer Bar und mache etwas Pause. Hier mische ich das Spezi übrigens mit Kas – ich habe aber doch auch schon oft Fanta erhalten. Und in Spanien gewähre ich mir gerne ein Bocadillo mit Serrano-Schinken.

Berducedo – Öffentliche Herberge

18.30 Uhr

Hier in der öffentlichen Herberge sah ich meine ersten Pilger (abgesehen vom Blick in den Spiegel) auf dem Primitivo. Ein japanisches Paar übernachtet auch hier. Ich habe extra gefragt, ob es Japaner sind, denn die meisten Asiaten auf spanischen Jakobswegen (meine Einschätzung vom Camino Francés vor zwei Jahren und von den drei Etappen auf dem Camino Francés dieses Jahr) sind Koreaner. Bei der Überschreitung der Pyrenäen hat mir ein koreanischer Kanadier (ein Koreaner, der seit seinem 14. Altersjahr in Kanada wohnt und jetzt wohl etwa 25 Jahre alt ist) erklärt, dass Koreaner Trends lieben. Und im Moment sei der Camino in Korea trendy.

Die Schulter murrte, aber sie liess mich gewähren. Gegen Ende der Strecke protestierte sie dann aber immer mehr. Ich werde uns morgen wohl eine kürzere Etappe gönnen.

Der Tag war genial!

Eine knappe Stunde nach der Bar in Campiello kam der Entscheidungspunkt. Traditionelle Variante über den Berg oder neue Variante? Mein Führer rät, die traditionelle Variante nur dann in Angriff zu nehmen, wenn man sich körperlich und mental dazu in der Lage fühle und vorab die Wettervorhersage studiert habe. Okay. Wettervorhersage: Regenwahrscheinlichkeit fast 100 %. Körperliche Verfassung: An sich gut trainiert nach dem Weg durch Frankreich, aber meine Schulter zwang mich gestern zum verfrühten Abbruch der Etappe. Mental: Ich will da hoch! Los geht's!

Die Entscheidung war goldrichtig. Etwa 100 Meter nach dem Entscheidungspunkt sah ich noch einen Holzfäller, dann sah ich stundenlang niemanden mehr. Ich war wieder in der anderen Welt, in der ich schon im Aubrac war. Diese Ruhe! Der Aufstieg war etwa neun

Kilometer lang. Dabei mussten rund 600 Höhenmeter überwunden werden. Es ging vorbei an scheinbar frei grasenden Kühen und Pferden. Als schliesslich die Höhe erreicht war, konnte ich ganze sieben Kilometer lang auf einem Grat gehen. Dabei kam ich an gleich drei verfallenen Pilgerherbergen aus dem 13. bis 15. Jahrhundert vorbei. Das nenne ich wirklich einen traditionellen Weg! Irgendwann auf diesem Grat war mit 1 216 Metern über Meer auch der höchste Punkt auf dem Primitivo erreicht. Wenn die Wolken es zuliessen, hatte ich eine berauschende Aussicht. Und es war einfach still. Bis ich wieder zur anderen Variante kam (am Pass Puerto del Palo stossen die beiden Varianten wieder zusammen), querte ich nur ein Mal eine Strasse auf deren Passhöhe (Alto de Santa Marta). Sonst war da einfach Ruhe. Wieder ein Hügel, der die Erhabenheit eines Berges hat.

Das Wetter war geprägt von heftigen Winden. Diese machten den Tag empfindlich kühl, bliesen aber auch die Regenwolken durch die Gegend. So war es mal bewölkt und mal wurde die ganze Wolkendecke zur Seite geschoben und es war recht sonnig. Meistens regnete es nicht. Wieder sah ich einen wundervollen Regenbogen. Ein Mal kam ich auf dem Grat auch in die Wolken. Aus meiner Perspektive war das dann Nebel. Unwillkürlich musste ich an das Gedicht »Im Nebel« von Hermann Hesse denken. Doch bald wurde auch dieser Nebel wieder weggeblasen und es war wieder sonnig.

Auch der Abstieg vom Puerto del Palo war nochmals sehr schön, auch wenn ich hier leider schon wieder in der

Zivilisation war, was ich an den Stromleitungen und der teilweise nahen Passtrasse erkannte.

In Lago an der ersten Bar seit Kilometern gab es ein wohlverdientes Spezi. So gestärkt war die letzte knappe Stunde hierher ein Kinderspiel.

Tageskilometer: 40,8

Tag 40

Castro – Jugendherberge

16.30 Uhr

Habe zuerst gedacht, ich hätte diesen Sommer in St. Moritz den Jahresausweis für die Jugendherbergen doch kaufen sollen. Aber ich hätte ihn eh bestimmt nicht hierher mitgenommen. Er war auch gar nicht notwendig, denn die Herberge hier hat sich zwar diesen Namen gegeben, gehört aber nicht zum weltweiten Netz. Trotzdem ist die Herberge sehr schön und besonders nach der ehrlich gesagt etwas lausigen und engen Herberge von gestern eine wahre Wohltat. Es gibt hier vier Zimmer mit jeweils vier Betten. Im Moment sind nur ich und der Herbergsleiter hier. Das Haus ist ein renoviertes Steinhaus und ich sitze gerade in einem grossen Aufenthaltsraum mit Bar. So sollten Herbergen sein.

Auch die Dusche tat wahnsinnig gut. Es hat den ganzen Tag geregnet und ich war wieder völlig durchnässt und fror auch etwas.

Die Route heute war mit 24,6 Kilometern kurz. Ich wollte mich und die Schulter etwas schonen. Die Schulter dankte es mir, indem sie heute grösstenteils ruhig blieb. Das Höhenprofil der Route ist aber lustig. Ich bin auf etwa 900 Metern über Meer gestartet, musste dann auf etwa 1 050 Meter über Meer aufsteigen, bevor ich auf nur etwas mehr als 200 Meter über Meer zum Fluss Navia absteigen konnte. Den Fluss überquerte ich auf der Staumauer des Stausees. Dann musste ich wieder auf rund 700 Meter über Meer aufsteigen.

Der Ort hier würde eigentlich gut zur gestrigen Etappe passen. Es sind nur wenige Häuser. Trotzdem ist die Strasse weit weg von der Herberge. Es ist also schön ruhig, hat irgendwie eine coole Atmosphäre. Als die Wolken kurz etwas aufrissen, konnte man erahnen, dass hier bei gutem Wetter auch die Aussicht sehr schön wäre. Möglichkeiten zum Einkaufen oder eine Bar, ein Restaurant gibt es hier nicht. Aber um 20.00 Uhr wird hier im Aufenthaltsraum ein Abendessen für mich bereitstehen. Es gibt Fisch. Hatte schon lange keinen Fisch mehr. Bin gespannt.

Muss ich noch erwähnen, dass ich unterwegs wieder keinen anderen Pilger sah?

18.15 Uhr

Irgendwie hat das was. Ich sitze hier gemütlich auf dem Sofa des Aufenthaltsraumes mit der Bar und studiere Bücher zum Jakobsweg, welche hier liegen. Gleichzeitig kommen hier Einheimische an die Bar, schwatzen mit dem Herbergsleiter trinken etwas, geniessen den Abend. Einfach gemütlich.

Wenn alles gut geht, werde ich genau heute in einer Woche nach Hause reisen. Um diese Zeit werde ich wahrscheinlich bei mir zu Hause sein und da die Gemütlichkeit mit Sarah geniessen. Ich freue mich so auf sie! Irgendwie bin ich auf dem Weg jeweils auch in einem anderen Leben. Gegen Ende sickert dann langsam das normale Leben wieder in dieses andere Leben hinein und vermischt sich mit ihm zu einem bunten Gemisch. Obwohl mir die Rückkehr noch so unwirklich erscheint, beginnt diese Phase langsam. Sie wird zu Hause mit umgekehrtem Vorzeichen weitergehen. Vor zwei Jahren brauchte ich etwa drei Wochen, bis ich nicht mehr nach gelben Pfeilen suchte. Und unverändert kommt man von so einem Weg sowieso nie nach Hause. Ich liebe meine Heimat. Sehr sogar. Und ich ging schon immer gerne in die Fremde, um dort zu wandern und auch Berge zu besteigen. Denn wer wandert, wird bewandert. Der Jakobsweg aber zeigte mir, wie man auch in der Fremde zu Hause sein kann. Wo ich abends meinen Kopf zum Schlafen hinlege, da bin ich zu Hause. Er gibt mir ein zweites Zuhause, wo ich aber gleichzeitig immer fremd bleiben werde. Denn nur wenn er auch fremd bleibt, kann er mich auch etwas lehren. Vielleicht wird er deshalb auch mal nach Rom, Assisi oder Jerusalem führen. Aber er gehört nun zu mir und ich zu ihm. Die Sehnsucht, wieder heim auf den Weg zu gehen, wird in mir wohl nie mehr erlöschen.

Tag 41

Fonsgrada

12.00 Uhr

Heute Morgen musste ich einen weiteren Pass überschreiten. Nun bin ich in Galicien, dessen Hauptstadt
Santiago ist. Ein weiteres Zeichen, dass die Pilgerreise
langsam zu Ende geht.

Die Zeichen waren aber heute nach dem Pass zuerst
verwirrend, dann lustig und interessant. Neben den gelben Pfeilen zeigen in Spanien ja auch Steine, auf denen
Muscheln abgebildet sind, den Weg an. Die Jakobsmuscheln werden dabei so dargestellt, dass mehrere Linien
fächerartig zu einem Punkt laufen (etwas vereinfacht gesagt). Dabei sind die Linien meistens gelb und der Hintergrund blau. In Asturien musste man in die Richtung
gehen, in welche der Punkt zeigte. Im Sinne von »alle
Wege führen nach Santiago«. Oder auch als ob man dem
Kometen oder Stern folge, der seinen Schweif hinter sich
herzieht. Hier in Galicien muss man nun der offenen
Seite der Muschel folgen. Santiago erwartet mich mit
offenen Armen.

Cadava-Baleira – Hotel Moneda

20.30 Uhr

Heute Nachmittag plagten mich zum ersten Mal seit Wochen Sorgen wegen meiner beruflichen Situation. Sie plagten mich so sehr, dass ich deswegen vom Weg abkam. Wortwörtlich. Als ich verdächtig lange keine gelben Pfeile mehr gesehen hatte, fragte ich einen Bauern, ob ich noch auf dem Camino war. Er sagte, ich sie schon drei Kilometer auf dem falschen Weg. Drei Kilometer! Mann, war ich gedankenverloren! Ich kehrte um. Keine fünf Minuten nach meiner Umkehr ergoss sich ein heftiger Platzregen auf mich. Ich hätte weinen können. Aber ich sagte mir, dass ich mich von solchen Gedanken nicht unterjochen lassen würde. Ich würde um einen neuen Job kämpfen. Das ist extrem wichtig. Aber ich würde mich von der Angst nicht fesseln lassen. Da hatten mich die Vögel der Bergpredigt und der Weg zu viel gelehrt.

Als ich den Weg wieder gefunden hatte und auch der Regen nachliess, wurde es langsam dunkel. Als ich im Schein meiner Taschenlampe durch die Nacht schritt, gingen mir drei Fragen/Aussagen durch den Kopf, die vielen irgendwann mal rausrutschen, die aber trotzdem etwas Wahres haben:

Was willst du mal erzählen können, wenn du alt bist?

Mit meinen beiden längeren Jakobswegen von vor zwei Jahren und jetzt habe ich definitiv was zu erzählen!

Wenn du mal alt bist, wirst du weniger bereuen, was du getan hast, als was du nicht getan hast!

Ich habe es getan! Vor zwei Jahren bin ich von Saint-Jean-Pied-de-Port nach Santiago, Finisterre und Muxia gegangen. Und nun bin ich von Genf bis Saint-Jean-Pied-de-Port gegangen. Ich habe also in zwei grossen Etappen den Weg von der Schweiz nach Santiago zurückgelegt. Im Moment verschlinge ich genüsslich die Nachspeise, den Camino Primitivo. Und die Etappen des Anschlussweges von Basel nach Genf, welche ich noch nicht gemacht habe, werde ich an freien Tagen und Wochenenden zurücklegen. Und am Schluss den Weg von zu Hause nach Basel. Denn der Start ist das Ziel!

Träume nicht dein Leben, sondern lebe deinen Traum!

Und wenn der Traum gelebt ist? Keine Angst, da kommen sicher neue!

Als ich um 20.00 Uhr an der Türe der Herberge rüttelte, war sie verschlossen. Es brannte auch nirgends Licht, weshalb ich mich auf die Suche nach einer anderen Unterkunft machte. Hier bin ich nun. Glücklich, dass ich den Weg wieder gefunden habe. Glücklich, dass ich angekommen bin.

Andere Pilger? Ja, so etwas gab es doch mal … Heute habe ich aber wieder keine gesehen.

Tageskilometer: 43,7 (regulär) plus 6 (vom Bauern meines Erachtens plausibel geschätzt)

Tag 42

Lugo – Öffentliche Herberge

16.30 Uhr

Die höheren Hügel scheine ich bereits hinter mir gelassen zu haben. Heute dominierten diese sanften, wellenartigen Hügel, welche für michMittlerweile für Galicien typisch sind.

Unterwegs traf ich wieder keine Pilger an. Hier in der Herberge ist es aber anders! Wir sind in einem von zwei Schlafsälen mit jeweils 20 Betten. In meinem sind noch fünf andere Pilger! Wo die wohl alle hergekommen sind?

Tageskilometer: 29,8

19.00 Uhr

Ich sitze in einer Bar bei einem Glas Rotwein. Diese Stadt ist faszinierend! Der Herbergsleiter der Jugendherberge, in der ich kürzlich war, kommt ursprünglich aus Lugo. Er meinte, die Altstadt sei wie die Altstadt von Santiago. Für mich stimmt das nicht ganz. Aber das ist wohl auf beiden Seiten subjektiv geprägt. Gewisse Ähnlichkeiten gibt es schon. Auch hier sind viele Häuser aus diesen Steinklötzen gebaut. Und es gibt eine Kathedrale. Ach, sie erinnert in ihrer Schlichtheit mit den gleichzeitig prunkvollen Altären etwas an die Kathedrale von Santiago. Auch die Grössenverhältnisse von den Einwohnerzahlen her stimmen fast. Lugo hat rund 88 000 Einwohner, während Santiago auf etwa 94 000 kommt. Ich schlenderte also durch diese wundervolle Altstadt in Erwartung dessen, was ich hoffentlich noch auf drei weiteren Wandertagen antreffen werde, und genoss das geniale Ambiente. Und auch wenn es leicht regnet, habe ich es nicht unterlassen, die gesamte Altstadt ausgehend vom Santiagotor auf derMittelalterlichen Stadtmauer, welche ihre Ursprünge aber schon in der Römerzeit hat, als Lugo die Hauptstadt der Provinz Gallaecia war, zu umrunden. Man kann tatsächlich die gesamte Altstadt auf dieser Mauer lückenlos umrunden! Das hat mich stark beeindruckt. Wenn ich das richtig interpretiert habe, könnte Lugo noch aus einem anderen Grund pilgertechnisch wichtig sein. Der letzte Markierungsstein, den ich vor der Stadt sah, zeigte an, dass es noch 104 Kilometer bis Santiago seien. Hier könnte man also noch genauer an den 100 Kilometern starten, welche für eine Compostela verlangt werden, als in Sarria, von wo es etwa 115 Kilometer nach Santiago sind. Lugo wäre jedenfalls von der Stadt her ein idealer Ausgangsort. Ich muss das mal recherchieren. Mir schwebt da was vor. Lugo -> Santiago ohne Übernachtung. Übernachtung und Einholen der Compostela und Pilgermesse in Santiago. Dann Santiago -> Finisterre ohne Übernachtung. Da wären sie, die neuen Träume! Allerdings verpasst man so wesentliche Teile des Camino Primitivo wie die Hospitales-Route, welche ich von Tineo (eigentlich wollte ich von Campiello) nach Berducedo gegangen bin. Aber für so ein Grenzgänger-Projekt wäre es genau das Richtige, falls das mit den 100 Kilometern hinkommt. Das ist auch so was Typisches bei mir, wenn ein Pilgerprojekt dem Ende zugeht – ich beginne, neue Pläne zu schmieden. Vielleicht würde ich mich da auch etwas übernehmen, aber das wäre bei einem solchen Projekt genau das Interessante: an die Grenze gehen, aber mit Seil und doppeltem Boden, da ich denke, dass ab hier die Infrastruktur sehr gut ist. Und das wäre ja nicht gleich sofort und ich müsste auch etwas trainieren.

Die Compostela erhält man, wenn man als Fusspilger mindestens 100 Kilometer (Fahrradpilger brauchen 200 Kilometer) vor Santiago gestartet ist und dies mit zwei Stempeln pro Pilgertag in seinem Pilgerpass (Credential) nachweisen kann. Wenn ich also die Compostela möchte, so muss ich ab jetzt ein Mal pro Tag in einer Bar unterwegs und dann in der Unterkunft einen Stempel einholen. Was ich vorher gemacht habe, ist dabei völlig irrelevant. Ab diesem Jahr kann man zusätzlich noch ein Dokument erwerben, das einem die zurückgelegte Strecke bestätigt. Allerdings zählen da wohl nur die Kilometer, welche man ohne Unterbrechung (also ohne Bus- oder Zugbenutzung) zurückgelegt hat. Bei mir wäre das dieses Mal also der Camino Primitivo ab Oviedo, was im Vergleich zu meiner gesamten Pilgerreise natürlich ein falsches Bild abgeben würde.

20.30 Uhr

Habe das mit den Kilometern am Empfang der Herberge abgeklärt. 104 Kilometer werden auf dem traditionellen Weg (über Melide) ab Lugo angerechnet.

Es sind jetzt sogar sieben Pilger hier in der Herberge!

Tag 43

Burgo

10.00 Uhr

Wurde wieder mal mit einem Regenbogen beglückt. Es regnet seit Oviedo täglich. Dieser Regenbogen hat den Regen angekündigt, weshalb ich nun erst mal in eine Bar geflüchtet bin. Hatte heute Morgen während der ersten halben Stunde schon eine heftige Gratis-Dusche.

In der Bar läuft im obligatorischen Fernseher gerade eine Reportage von einem wilden Typen, der wirklich schreckliches Zeug isst. Damit meine ich nicht Dinge, die man mal versuchen sollte, wenn man im entsprechenden Land ist wie Heuschrecken oder Meerschweinchen. Das habe ich selber schon probiert. Sondern wirklich schreckliches Zeug. Gerade hat er bei einem toten Kamel, das er in der Wüste fand, den Mageninhalt ausgepresst, damit er Flüssigkeit hatte (er war aber mit einem Fahrzeug und einer Filmcrew da). Von was wollen die hier ablenken? Das Bocadillo war eigentlich ganz gut. Gut, sie haben Pepsi statt Coca-Cola.

Die Markierungssteine zeigen auch hier manchmal an, wie weit es noch bis Santiago ist. Zwischen Lugo und hier habe ich den ersten Stein gesehen, welcher weniger als 100 Kilometer bis Santiago anzeigt. Leider gibt es hier keinen 100-Kilometer-Stein wie auf dem Camino Francés. Dafür zeigen sie die Kilometer auf drei Stellen nach dem Komma an. Scheingenauigkeit? Es war also der 99,552-Kilometer-Stein. Eine zweistellige Kilometerzahl! Als ich startete, waren sie noch vierstellig. Klar waren die Zahlen damals etwas höher als meine Gesamtstrecke. Aber wenn ich es bis Santiago schaffe, werde ich doch rund 1 450 Kilometer zurückgelegt haben. Jetzt sind es noch weniger als 100! Ich nähere mich Santiago mit grossen Schritten.

As Seixas – Öffentliche Herberge

17.00 Uhr

Unterwegs sah ich ein Reh, ging auf einer Römerstrasse und überquerte eine alte Römerbrücke.

Ich sah heute einen spanischen Pilger. Er ist jetzt hier mit mir in der Herberge. Er geht eigentlich schneller als ich. Da er aber immer wieder mal anhält, um zum Beispiel seine Handschuhe (?!) anzuziehen oder für Ähnliches, sahen wir uns sehr oft und kamen gemeinsam bei der Herberge an. Wir waren auch schon in Lugo in der gleichen Herberge. Hier sind wir allerdings alleine – im Moment noch mit der Herbergsleiterin. Auch unterwegs sah ich die anderen Pilger nirgends. Sie sind verschwunden, wie sie kamen. Die Herberge hier ist sehr gemütlich. Ein altes Steinhaus, das sehr schön renoviert wurde. Wir zwei teilen uns ein Zimmer mit sechs Betten. Das einzige Detail, das hier etwas schade ist, ist, dass es weder im Dorf noch in der Herberge etwas zu kaufen gibt. Kein Essen, keine Getränke. So leben wir heute Abend halt von Wasser. Gut, dass ich unterwegs schon etwas getrunken und ein Bocadillo gegessen habe.

Während des Wanderns hat mein Knie manchmal gestochen. Dies ist meine zweite Schwachstelle. Zum Glück war es jeweils nach einigen Schritten wieder vorbei.

Immer öfter – ich weiss, dass das noch zunehmen wird – wandere ich nun auch durch Eukalyptuswälder. Eukalyptus ist eigentlich aus Australien und wurde hier angepflanzt, was ein ökologischer Irrsinn ist, denn sie vertragen sich nicht mit den einheimischen Pflanzen und Tieren und ihre tiefen Wurzeln gefährden den Wasserhaushalt. Aber wenn man als stinkender Pilger durch sie schreitet, dann tut das einfach gut. Aber irgendwie rieche ich sie nicht mehr so wie auch schon. Oder vielleicht stinke ich einfach noch mehr.

Der Regen dachte wohl, er wolle mir mal etwas Abwechslung schenken, und liess es hageln. Zum Glück waren die Körner nicht riesig, aber wirklich angenehm war es trotzdem nicht. Aber nach der warmen Dusche ist dies nun alles schon wieder vergessen.

Tageskilometer: 32,4

Tag 44

Melide

12.00 Uhr

Der spanische Pilger ging bis hier mit mir. Da er eigentlich schneller und unregelmässiger geht, wollte ich ihn auch mal davonziehen lassen, aber er blieb hartnäckig bei mir. Er ist unterwegs zu seiner dritten Compostela. Obwohl wir sogar zusammen in einer Bar nach einigen Kilometern des Gehens frühstückten, haben wir nicht viel geredet. Er spricht nur Spanisch und ich praktisch kein Spanisch. Offenbar brauchte er mal wieder jemanden zum Schweigen.

Nichts dauert für immer, nicht mal der kalte November-Regen. So heisst es – frei übersetzt – in einem Lied meiner Jugend. Hier gibt er sich allerdings Mühe. Was hier aber irgendwie zu Ende geht, ist der Camino Primitivo. Es sind zwar noch rund 55 Kilometer bis Santiago, aber hier in Melide stossen der Camino Primitivo und der Camino Francés zusammen. Und der Camino Francés hat dabei mit seinen Pilgerströmen klar die Überhand. Auf der Suche nach einem Restaurant sah ich hier schon fast so viele Pilger wie auf dem bisherigen Camino Primitivo. Auch ich selber bin schon durch Melide gegangen: vor zwei Jahren mit Sarah. Ich habe somit eigentlich den Camino Primitivo gemacht – selbst wenn man ihn bis Santiago zählt, da ich ja das Kommende schon mal gemacht habe. Nach wie vor freue ich mich aber darauf, in Santiago einzulaufen.

Ab jetzt werde ich es wieder so handhaben wie zwischen Saint-Jean-Pied-de-Port und Pamplona. Während ich seit Oviedo wieder jeden Pilger erwähnt habe, werde ich ab nun wieder auf eine vollständige Aufzählung verzichten. Um noch etwas Ruhe zu haben, verhielt ich mich hier in Melide antizyklisch. Melide ist berühmt für seine Pulperias. Ich mag Pulpo (Krake) sehr. Ich werde mir das als Belohnung in Santiago gönnen. Heute gab es Döner.

Arzua – Alberque Santiago Apostol

16.30 Uhr

Für mich ist es genial, hier die Erinnerungen nochmals aufleben lassen zu können. Die schönen Gefühle von vor zwei Jahren irgendwie fast nochmals erleben zu können.

Vor zwei Jahren haben Sarah und ich in Arzua das zweitletzte Mal übernachtet, bevor wir dann in Santiago ankamen. Das letzte Mal war in Monte do Gozo. Wir haben damals genau in dieser Herberge übernachtet (in Arzua gibt es mehrere). Ich habe extra nach dieser Herberge Ausschau gehalten. Ich merke jetzt schon, dass heute wieder die Rascheltüten zurück sein werden. Doch das stört mich überhaupt nicht, denn ich schwelge hier in meinen Erinnerungen. Damals, gegen Ende des Caminos, waren wir nicht immer nur zu zweit unterwegs (ab Santiago dann unterwegs auf dem Weg schon wieder – wir trafen aber Camino-Freunde in Finisterre und

Muxia). Hier zum Beispiel sind wir zusammen mit vier anderen (alles Deutsche) angekommen und am nächsten Tag weitergezogen. Ich mag mich noch gut an jede(n) von ihnen erinnern, bin auch mit allen auf Facebook befreundet. Obwohl wir uns schon treffen wollten, hat es sich noch nie ergeben, denn sie wohnen an Orten wie Berlin oder Dresden. Mit einem Schweizer allerdings, den ich/wir auch auf dem Camino vor zwei Jahren kennenlernte(n), habe(n) ich/wir uns schon einige Male getroffen. Ich denke immer wieder gerne an jenen Camino zurück. Ich glaube, wenn man länger als drei Wochen auf dem Weg ist, so kann man sich richtig auf diesen einlassen. Natürlich ist auch selbst ein Tag oder eine Woche auf dem Camino etwas Geniales. Aber ab drei Wochen hat man eine Zeit, in der man nur auf dem Weg ist, bis dann langsam wieder die Übergangszeit für die Rückkehr kommt. Das ist einfach genial. Das wird immer ein einschneidendes Erlebnis in meinem Leben bleiben. So war es vor zwei Jahren (da natürlich speziell, da ich da Sarah kennenlernte) und so wird es bei diesem Weg sein, den ich gerade gehe.

Tageskilometer: 29,5

17.30 Uhr

In Arzua trifft übrigens der Küstenweg (Camino del Norte) auf den Camino Francés. Irgendwann könnte auch das Teil eines Projektes werden. Es muss ja nicht alles gleich sofort umgesetzt werden.

Als Erstes ist nun mal geplant, dass Sarah und ich den Camino von Porto nach Santiago gehen.

Tag 45

Monte do Gozo

15.45 Uhr

Monte do Gozo heisst Berg der Freude. Zum zweiten Mal auf dieser Pilgerreise bin ich auf so einem Berg der Freude. Das erste Mal war es vor Le Puy – als man Le Puy das erste Mal sah. Rückblickend eigentlich fast zu Beginn der Pilgerreise. Hier nun sieht man Santiago das erste Mal. Meine Reise geht zu Ende. Ich werde sie im Herzen bewahren.

Vom Monte do Gozo bis zur Kathedrale in Santiago sind es noch knapp fünf Kilometer. Eigentlich ein Katzensprung. Vor zwei Jahren haben wir hier auf meinen Wunsch nochmals übernachtet. Ich fand es eine gute Idee, die Freude des Ankommens nochmals etwas zu verzögern. Ich finde es immer noch eine gute Idee – aber man soll sich ja nicht immer wiederholen. Santiago wartet mit offenen Armen. Ich will ihn endlich auch wieder umarmen. Weiter geht's.

Santiago – Hospederia San Martin Pinario

17.45 Uhr

Beim Kiosk beim Papstdenkmal auf dem Monte do Gozo fragte ich nach dem Weg zu den überlebensgrossen Statuen zweier Pilger. Ich hatte schon viele Fotos von ihnen gesehen, war aber noch nie dort. Der Weg führt nicht direkt daran vorbei. Die Aussicht auf die Stadt von den zwei Pilgern aus war grandios. Ich sah auch die Türme der Kathedrale. Als ich den Abstieg in die Stadt begann, stiess ich einen lauten Freudenschrei aus. Bald darauf flossen Freudentränen. Es zerriss mich fast vor Glück. Ich kam tränenüberströmt an das Ortsschild von Santiago. So ging ich freudig weinend weiter bis zur Altstadt von Santiago. Als ich in der Altstadt war, floss mein Herz über vor Glück. Schliesslich durchschritt ich begleitet von den Klängen von Trommeln und Dudelsack das letzte Tor zum Vorplatz der Kathedrale. Da war ich. Ich war nur noch Glück und Freude! Es ist einfach jedes Mal ein einmaliges Erlebnis, in Santiago anzukommen!
Tageskilometer: 39,8

21.30 Uhr

Ich ging in die Kathedrale und habe mich da für meine wundervolle Pilgerreise bedankt. Dann schlenderte ich durch die Altstadt, genoss es einfach, hier, in Santiago, zu sein. Irgendwann setzte der Regen, der mich heute während des Pilgerns in Ruhe liess (zeitweise war es sogar recht sonnig), mit heftiger Wucht ein. Ich benutzte diese Zeit, um mich am Computer der Hospederia (auf dem Handy habe ich bewusst hier kein Internet) über die neusten E-Mails auf dem Laufenden zu halten. Grundsätzlich nichts Neues. Ich schrieb Sarah und meiner Mutter eine SMS, dass ich gut angekommen war. Kurz konnte ich mit Sarah noch chatten. Als der Regen wieder etwas nachgelassen hatte, genehmigte ich mir meine Ankunfts-Zigarre. Nun werde ich noch meine Exerzitienübung machen und freue mich, dass ich morgen mal etwas länger schlafen kann.

Tag 46

9.00 Uhr

Als ich gestern während des heftigen Regenfalls kurz im Internet surfte, las ich irgendwo, dass wir lernen müssten, einen Mittleren Weg zu finden, der uns nicht zu Leid oder Freude, sondern zu innerer Ruhe bringen würde. Es gab eine Zeit, da dachte ich, das wäre Weisheit! Ich glaube nicht mehr daran. Was wäre das Leben ohne einen Tag wie gestern? Ohne diese Momente, in denen man das Glück schon fast nicht mehr aushalten kann? Ich finde, wir sollten unsere Gefühlsfähigkeit immer mehr versuchen zu vergrössern. Soweit es geht. Bis ins Unendliche. Dann können wir wahre Freude empfinden. Klar, wo Licht ist, ist auch Schatten. Wer Freude besser empfinden kann, wird auch Trauer und Schmerz tiefer empfinden. Aber ist es das nicht wert? Zudem sollten wir versuchen, immer mehr im Moment leben zu können, uns nicht von Ängsten zerfressen zu lassen. Wir sollten auch versuchen, alles immer wieder neu zu sehen, wie ein Kind oder ein Anfänger – das Staunen nicht zu verlieren. Wir sollten nicht richten und drauf pfeifen, ob uns andere richten. Und wir sollten uns immer daran erinnern, wie sehr wir von der Liebe Gottes getragen werden. Ich denke, das ist es, was mir dieser Weg gelehrt hat.

*

Und der Weg vor zwei Jahren? Liebe!

10.45 Uhr

Habe mir im Pilgerbüro der Kathedrale die Compostela und in der Kirche der Franziskaner die Cotolaya abgeholt. Im Pilgerbüro muss man den Startort eintragen. Ich habe der Frau erklärt, was ich gemacht habe, und sie gefragt, ob ich Genf oder Oviedo eintragen soll. Sie meinte, ich solle Genf eintragen. Ich werde also heute während der Pilgermesse als ein Schweizer, welcher in der Schweiz gestartet ist, verlesen. Es ist meine fünfte Compostela. Die Cotolaya wird von den Franziskanern nur alle 100 Jahre jeweils ein Jahr lang vergeben. Jeweils auf ein 100-jähriges Jubiläum der Pilgerreise des Franz von Assisi nach Santiago. Viele sagen, dass die Compostela für einen Jakobsweg nicht notwendig sei. Dem stimme ich voll zu. Und doch berührt es mich jedes Mal, wenn ich eine solche Urkunde überreicht bekomme. Irgendwie ist es für mich auch Teil des Abschlusses eines Weges.

13.00 Uhr

Ich war in der Pilgermesse. Der Botafumeiro, der grosse Weihrauchkessel, wurde heute nicht eingesetzt. Trotzdem fand ich die Messe sehr bewegend. Überhaupt schwimme ich heute in den Nachbeben dieses genialen Glückzustandes von gestern. Nach der Messe stieg ich zuerst zur Krypta runter und dann – endlich! – auf den Hochaltar, wo ich Jakobus umarmte. Ich verweilte eine kurze Weile in dieser Umarmung und dankte ihm für alles.

21.30 Uhr

ZumMittagessen gönnte ich mir als Vorspeise eine Pilzpfanne, als Hauptspeise (wie ich mir in Melide selber versprochen hatte) Pulpo und als Nachspeise in Schnaps eingelegte Kirschen.

Als es der Regen zuliess, machte ich nochmals einen Spaziergang durch die Altstadt und den Park.

Um 19.30 Uhr ging ich dann in die Abendmesse. Die Messe wurde vom Erzbischof persönlich gehalten. Die unter Santiagopilgern schon fast berühmte Nonne sang Lieder vor. Und am Schluss setzten sie den Botafumeiro ein. Es ist schon extrem eindrücklich, wie dieser durch das gesamte Querschiff der Kathedrale schwingt! Ich liebe es, dabei zuzuschauen. Und dieser Duft! Das Ganze ist einfach genial!

Am Anschluss an die Messe umarmte ich noch einmal den Jakobus, um mich zu verabschieden und auf Wiedersehen zu sagen. Er wartet auf mich. Und ich bin sicher, dass er mich wieder mit offenen Armen empfangen wird.

Dann ging ich noch in eine Bar und genehmigte mir etwas Rotwein und Jakobsmuscheln. Irgendwie finde ich, das passt zum Ende eines Jakobsweges.

Jetzt muss ich schon bald ins Bett, denn morgen verlasse ich früh diese wundervolle Stadt und fliege nach Hause.

Eine Woche später – Tag 1

22.30 Uhr

Eine Woche bin ich nun schon wieder zu Hause. Sarah wiederzusehen war einfach wunderbar. In der Woche habe ich auch meine Termine wahrgenommen, war beim Zahnarzt, der dann aber krank war, habe meine Post durchgesehen und Rechnungen bezahlt, habe mich mit meiner Exerzitienbegleiterin und den Templern getroffen, erste Bewerbungen geschrieben, eine Rekognoszierungstour für einen von mir angebotenen Pilgertag gemacht und diesen entsprechend ausgeschrieben. Ich habe auch meinen Bart wieder wegrasiert und war beim Frisör. Rein äusserlich bin ich jetzt wieder im Alltag, doch ein Teil von mir wird wohl immer Pilger bleiben.

Schon vor meiner Abreise habe ich organisiert, dass ich nun hier bin, in dem Bildungshaus, in welchem ich auch meine Exerzitienausbildung mache. Ich denke, so einen guten Abschluss für meine Pilgerreise zu finden. Ich werde hier eine Kontemplationswoche machen. Von heute, Sonntag, bis Freitag wird sie dauern und wir werden die ganze Zeit schweigen. Es ist etwas Neues für mich. Ich war zwar schon öfters hier für die Exerzitien und habe hier auch schon einige Zen-Sesshins gemacht. Diese Art der Kontemplation, welche wir diese Woche machen werden, baut vor allem auf dem Zazen auf, also auf dem meditativen Sitzen im Schweigen. Daneben gibt es täglich einen Vortrag, welcher sich um Teresa von Avila drehen wird, eine Möglichkeit zum Einzelgespräch und einen Gottesdienst, welcher durch einen Jesuiten gehalten wird. Heute im Vortrag betonte die Lehrerin vor allem den frechen Charakter der Teresa von Avila. Nebenbei hat sie auch mal Ryokan erwähnt, welchen ich sehr schätze, seit ein eine Woche dauerndes Zen-Sesshin, welches ich besucht habe, ausschliesslich ihm gewidmet war. Er, der erleuchtete Lehrer, hat sich mal gefragt, für was man ihn überhaupt gebrauchen kann. Er hat offenbar immer auch Bälle bei sich unter der Robe gehabt, damit er mit Kindern spielen konnte, wenn diese das wollten. Deshalb sagte er sich, er sei zum Spielen sehr gut zu gebrauchen.

Tag 2

21.15 Uhr

Heute Abend hat uns der ehemalige Leiter des Bildungshauses besucht. Er ist Jesuit und Zen-Meister. Er gab uns folgenden Satz mit auf den Weg:

Ich schlief, doch mein Herz war wach. (Hohelied 5.2)

So schön.

Tag 3

16.15 Uhr

Eine Kontemplationswoche und Pilgern haben vieles gemeinsam. Hier sieht der Tagesablauf in groben Zügen etwa so aus: aufstehen, sitzen, essen, sitzen, Tag abschliessen, schlafen. Reduktion auf das Wesentliche. Doch bei meiner diesjährigen Pilgerreise muss man eigentlich bei diesem Grobtagesablauf nur das Sitzen durch Gehen ersetzen und das ist dann schon eine gute Beschreibung des Tagesablaufes. Hier schweigen wir die ganze Zeit. Gleichzeitig haben wir aber die Gewissheit, täglich einen Gottesdienst besuchen zu können und ein Einzelgespräch zu haben. Beim Pilgern fehlt diese Gewissheit – zumindest auf den nicht stark frequentierten Routen. Lustigerweise ist das Sitzen manchmal anstrengender und schmerzhafter als das Gehen. Beim Sitzen/Meditieren versuchen wir hier, an nichts zu denken, uns so zu leeren, damit wir wieder gefüllt und erfüllt werden können. Beim Pilgern sind wir in der Fremde und trotz des immer wiederkehrenden gleichen reduzierten Tagesablaufes ist letztlich nichts gewiss. Diese Ausgesetztheit macht uns beim Pilgern so offen.

Tag 4

13.30 Uhr

Hier im Garten gibt es ein Labyrinth. Ein solches Labyrinth ist kein Irrgarten. Es hat einen Start und ein Ziel, zu dem ein klarer, aber verschlungener Weg, der uns mal nahe zum Ziel, dann wieder nahe zum Start bringt, führt. Ich habe heute dieMittagspause genutzt, um dieses Labyrinth zu begehen. Für mich ist ein solches Labyrinth ein gutes Bild für das Pilgern, ja für alle Ziele und das Leben schlechthin. Zuerst gilt es, sich des Zieles bewusst zu werden. Dann sollte man trotz des langen und verschlungenen Weges den ersten Schritt setzen und starten. Schliesslich kann man den Weg geniessen und versuchen, nicht zu verzagen, wenn man vom Weg, wenn man das Ziel schon fast erreicht zu haben glaubt, wieder nahe zum Ausgangspunkt geführt wird. Und dann ist man irgendwann am Ziel, das wiederum ein neuer Start ist, und kann sich darüber freuen. Das Ziel ist das Ziel. Der Weg ist das Ziel. Der Start ist das Ziel.

Tag 5

22.00 Uhr

Heute ist schon wieder der letzte volle Tag dieser Kontemplationswoche. Morgen werden wir das Schweigen brechen und voneinander Abschied nehmen. Es tat gut, hier nochmals zur Ruhe zu kommen. Nun aber geht meine Pilgerreise definitiv ihrem Ende entgegen. Zufälligerweise (?) trage ich heute ein T-Shirt, welches ich mir nach dem Camino Inglés am Ende der Welt gekauft habe. Es trägt die Aufschrift: »Km 0.00, Game over.« Die Zeit seit meinem Start in Genf war genial! Doch nun muss ich neue Ziele suchen, neue Träume leben, neue Wege gehen und neue erste Schritte wagen. Und dabei nie vergessen, dass das Leben immer genau im Moment stattfindet.

Jetzt.

111

Tag 1

Santiago

16.00 Uhr

Herrliches Wetter hat mich in Santiago erwartet. War sehr speziell, mit meinem Rollkoffer hier in Santiago anzukommen. Der grosse Rucksack fehlte! Überhaupt ist es seltsam, wieder hier zu sein, wo ich nach dem Camino Francés, auf dem ich Sarah kennenlernte, einige der schönsten Stunden meines Lebens verbringen durfte. Und auch nach dem Camino Inglés. Hier haben Sarah und ich glückliche Zeiten verbracht. Sogar in diesem Hotel, der Hospederia San Martin Pinario.

Das Hotel San Martin Pinario wird nun also mein Base Camp werden. Von hier werde ich meine verschiedenen Projekte starten.

Erst gehe ich aber nun mal durch den Ort schlendern.

19.00 Uhr

War beim grossen Park. Dort war gerade ziemlich was los. Ähnlich – wenn auch kleiner – wie bei uns auf der Herbstmesse in Basel. War auf dem Riesenrad und hatte einen überwältigenden Ausblick auf die Umgebung der

Kathedrale. Es ist nur etwas schade, dass im Moment beide Türme ein Gerüst haben.

Dann war ich in der Abendmesse um 18.00 Uhr und konnte mich so wieder etwas mehr auf Santiago einstimmen. Die Kathedrale hier gibt mir immer wieder Kraft.

22.30 Uhr

Habe gedacht, ich hätte das zu Hause gut geplant! Ich ging also zum Bahnhof. Da wollte ich am Ticketautomaten ein Ticket nach Sarria für den nächsten Tag lösen. Ging nicht. Also zum Ticketschalter. Der schickte mich zum Infoschalter. Wenn ich die nette Dame am Infoschalter richtig verstanden habe, dann hat sie mir gesagt, dass nach Sarria direkt kein Zug fährt. Indirekt nur etwa drei bis vier Mal am Tag. Und man müsse nicht immer am gleichen Ort umsteigen. Das alles wusste ich schon dank meiner Vorbereitung. Dann sagte sie, das seien keine guten Verbindungen, im schlimmsten Fall müsse man einen ganzen Tag auf den nächsten Zug warten und es sei durchaus möglich, dass man einen Anschluss verpasst – die Umsteigezeiten seien ja nur etwa zehn Minuten! Ich nehme also morgen den Bus über Lugo nach Sarria.

Habe dann beim Bahnhof noch ein Bocadillo (Sandwich) gegessen.

Das Packen eines 10-Liter-Rucksackes ist nicht leicht. Der Pullover nimmt schon den halben Platz weg. Dann sind da noch Taschen- und Stirnlampe, Pflaster, eine

Zigarre, welche ich rauchen werde, wenn ich zum Monte do Gozo komme oder aufgebe, Zahnbürste und Zahnpasta, Brieftasche und Handy. Das war es. Zu trinken werde ich mir unterwegs kaufen. Ah ja, meinen schönen orangen Pilgertouren-Schirm habe ich noch dabei.

Bin gespannt, ob ich es schaffe, mein Ziel zu erreichen und von Sarria nach Santiago (also die letzten 111 Kilometer) ohne Übernachtung zu gehen. Aber ich nehme es, wie es kommt. Aufgeben und Durchkommen werden jeweils eine entsprechende Lektion sein.

Tag 2

Lugo

9.30 Uhr

Zwei Stunden hat die Fahrt hierher ziemlich genau gedauert. Der Bus ist um 7.00 Uhr in Santiago abgefahren und um 9.05 Uhr waren wir hier. Das hat mich schon beeindruckt! Die meiste Zeit fuhren wir nämlich in der Nähe des Jakobsweges und sahen immer wieder Pilger. Das alles ist Teil meines Vorhabens! Etwas kribbelig macht mich das schon.

Habe zum Frühstück in einem Obstladen Früchte gekauft, was den gewollten Nebeneffekt hat, dass ich nun mehrere Plastikbeutel habe. Das Wetter sah bei der Herfahrt nicht ganz so gut aus, wie ich das aufgrund der Vorhersagen und des gestrigen Wetters vermutet habe. In der

Nacht muss es auch geregnet haben. Mein Rucksack hat keinen Regenschutz. Mit den Plastikbeuteln sollte ich nun aber auch auf Regen vorbereitet sein. Im Moment ist der Himmel blau.

Nun heisst es etwas rumhängen. Der nächste Bus von hier nach Sarria fährt um 10.35 Uhr. Ich schlürfe also an meinem Red Bull und warte.

Sarria

11.45 Uhr

Habe meinen ersten Pfeil gesichtet. Und viele Muscheln. Ab nun heisst es, diesen zu folgen. Zuerst gibt es aber noch ein Bocadillo mit Serrano-Schinken und ein selber gemischtes Spezi. Dann hole ich noch meinen ersten Stempel und dann gilt es, den ersten Schritt zu machen für mein Projekt 111. Ich brauche eigentlich pro Tag auf diesen letzten beiden Kilometern nur jeweils zwei Stempel. Da mein Projekt, die Pilgerreise ohne Übernachtung zu machen, aber eher ungewöhnlich sein dürfte, werde ich mir überall, wo ich was trinke oder esse, einen Stempel geben lassen, um so vielleicht doch die Compostela zu erhalten. Eigentlich sind es ab hier 114 Kilometer, aber die Steine zeigen noch die Kilometer, bevor der Weg etwas verlegt wurde. Also 111 Kilometer. Zudem ist es eine schöne Zahl und daher nenne ich dieses Projekt 111.

Bar Morgade bei Kilometer 99,5

15.00 Uhr

Es ist phantastisch. Eben habe ich den 100-Kilometer-Stein passiert. Und der ist ein gutes Beispiel, wie ich den Weg im Moment gleich zwei Mal gehe. Immer voll im Jetzt. Immer erlebe ich aber auch unseren Weg von Saint-Jean-Pied-de-Port voll mit. Beim 100-Kilometer-Stein erlebte ich, wie ich mich damals kurz etwas unglücklich fühlte, weil die 100 Kilometer, welche noch zu gehen waren, verglichen mit den bereits gegangenen über 700 Kilometern, lächerlich erschienen. Gut, ich wusste damals schon, dass ich die 93 Kilometer nach Finisterre und allenfalls auch die zusätzlichen 30 Kilometer nach Muxia noch gehen wollte. Trotzdem, der Traum Camino nahm langsam ein Ende. Ganz anders heute: diese runde, dreistellige Zahl flösst mir gewaltigen Respekt ein!

So, mein selbstgemixtes Spezi ist getrunken. Zeit, weiterzugehen!

Portomarin

17.45 Uhr

Eine weitere Schnapszahl ist erreicht: Kilometer 88!

Hier haben wir das letzte Mal übernachtet. Ich habe also meine erste Tagesetappe geschafft.

Letztes Mal war der Stausee leer und ich weiss noch,

dass ich mir damals gewünscht habe, ihn mal voll zu sehen. Dieser Wunsch wurde heute erfüllt. Wundervoll im Sonnenlicht spiegelnd breitete sich das Wasser im Tal aus. Fast wäre ich schwimmen gegangen. Aber ich habe ja noch 88 Kilometer vor mir.

Das Wetter war heute ideal. Sehr schönes Wetter mit etwas Wind, der das Ganze nicht zu heiss werden liess.

Auch die Landschaft ist sehr reizvoll. Typisch galicisch halt. Mit den grünen Hügeln, den Steinmauern, welche die Felder abgrenzen, und den teilweise auch aus Stein gebauten Häusern.

Die Markierungen sind mehr als perfekt. Ich hoffe, das wird mir in der Nacht helfen.

Bars, oder zumindest eine Gelegenheit, etwas zu trinken zu kaufen, gibt es ohne grosse Übertreibung an jeder Ecke. Das hilft sehr bei diesem Wetter, wird aber in der Nacht weniger helfen, weshalb ich mir hier einen kleinen Trinkvorrat gekauft habe.

Bin gespannt auf die Nacht!

Gonzar

20.15 Uhr

Überlaufen? Habe seit Portomarin keinen Pilger gesehen! Hier in der Bar sind allerdings wieder welche. Habe mir eine deftige Platte mit Schnitzel, Speck, Pommes und Spiegelei bestellt. Dazu gibt es den obligatorischen kalten Kaffee (Spezi).

20.45 Uhr

War lecker. Aber wie können die Spanier so spät noch so was essen und dann schlafen? Zum Glück habe ich das nicht vor. Es wird langsam kühler. Ich nehme den platzraubenden Pulli aus meinem Rucksack und verstaue dafür die Kamera, welche bis jetzt an meinem Gürtel hing, in meinem Rucksack. Dafür hänge ich mir die Lampe an den Gürtel. Es ist noch nicht wirklich dunkel – aber dann bin ich bereit.

Historisches Kreuz kurz vor Lingonde

22.45 Uhr

Das historische Kreuz kenne ich noch vom letzten Mal. Hier haben Sarah und ich Fotos gemacht. Es istMittlerweile dunkel. Interessanterweise sind auch wieder Wolken aufgezogen. Ich verpacke deshalb alles in die Plastiksäcke und hole die Stirnlampe hervor. Ich gönne mir noch ein Red Bull. Habe ehrlich gesagt etwas Angst, nun in die spanische Nacht zu gehen. Weiss nicht, wie gefährlich das ist. Und die Hunde. Aber genau das ist es, was ich im Moment brauche. Vertrauen. Vertrauen, dass das mit Sarah jetzt halten wird. Vertrauen in meine berufliche Situation. Wo ich gekündigt habe und noch nichts Neues habe. Vertrauen in den Camino, den Weg, mein Leben.

Ich trinke also den letzten Schluck Red Bull und mach mich auf in die Nacht.

Tag 3

Palas de Rei

1.15 Uhr

Hier haben wir damals auch übernachtet. Die zweite Tagesetappe ist also geschafft. Werde langsam müder. Vom Regen blieb ich bisher verschont.

Steinbank irgendwo nach Palas de Rei

2.15 Uhr

Wenn ich die Stirnlampe ausmache, sehe ich den Sternenhimmel. Hier gibt es praktisch keine Lichtquelle, darum sehe ich ihn besonders gut. Genial! Wer könnte behaupten, dass dieser Sternenhimmel nicht perfekt ist? Und wir sind ein Teil von diesem Universum. Also sind auch wir perfekt! Sternenstaub. Kinder Gottes.

Irgendwo (Oder nirgendwo?)

3.45 Uhr

Immer wieder Fledermäuse! So geil! So genial, wie die ganz ruhig vor dem Gesicht durchfliegen! Bin so müde, dachte erst, sie heissen Schmetterlinge!

Melide

6.45 Uhr

Endlich wieder eine Bar! Ich brauche den Kaffee, die Möglichkeit, etwas zu sitzen Was man plötzlich so alles geniessen kann! Die Möglichkeit, zur Toilette zu gehen.

Bin am Anschlag. Mir fehlt das Licht. Es ist zwar schon etwas heller, aber auch nicht wirklich hell. Wird es aber wohl bald.

Zudem bin ich – die Busfahrt mitgerechnet – schon 24 Stunden unterwegs und 25 Stunden wach. Das merke ich.

Aufgeben will ich aber noch nicht! Zuerst schauen, was der Tag bringt!

Santa Maria

7.15 Uhr

Das Licht ist da!

Arzua

10.30 Uhr

Wieder ein Etappenort von damals, also die dritte Tagesetappe. Eigentlich wäre es nur noch eine Tagesetappe auf den Monte do Gozo – aber wir haben damals eine riesige Etappe eingelegt. Meine Füsse brennen etwas. Ich schone sie nun mal für eine halbe Stunde. Und dann: Eile mit Weile.

Zur Abwechslung gibt es hier mal ein selbstgemixtes Spezi. Dazu ein Club-Sandwich.

Zwischen Arzua und Monte do Gozo

16.00 Uhr

Das Gehen ist nur noch eine Mühsal. Meine Füsse brennen. Meine guten (echt) Schuhe reiben hinten bei der Ferse. Mein linkes Knie und meine rechte Pobacke melden sich immer mal wieder durch Schmerzen. Ich schlafe manchmal im Gehen fast ein. Aufgeben? Nein, jetzt gebe ich nicht mehr auf! Ab jetzt gibt es – ähnlich wie bei meiner Situation beim Job – nur noch den Weg nach vorne. Zum Berg der Freude und nach Santiago!

Lavacolla

20.45 Uhr

Wieder sitze ich bei einem Spezi. Habe jetzt schon beschlossen, dass ich in Monte do Gozo meine Zigarre nicht rauchen werde. Bin zu erschöpft. Habe noch zwei Mal fünf Kilometer vor mir.

Heute habe ich mein Kreuz getragen. Seit Arzua ging eigentlich nichts mehr. Habe unterwegs mal meine Füsse angeschaut. Kein Wunder, dass die schmerzen! Aber manchmal muss man einfach für die gute Sache kämpfen. Wenn es dann funktioniert – umso besser. Und sonst hat man es wenigstens probiert. Wenn man es schon gar nicht probiert, wird es auch nicht gehen.

Werde die letzten zehn Kilometer gemütlich angehen, auch wenn es spät wird. Bei meinen Füssen zählt vor allem das Ankommen.

Monte do Gozo

22.45 Uhr

Bin auf dem Berg der Freude. Freude herrscht. Das Projekt wird seinen Abschluss finden. Sitze in einem Gartenrestaurant – musste meinen letzten Stempel holen – und habe beschlossen, doch wie geplant eine Zigarre zu rauchen. Es wird eh spät.

Von hier sind es nochmals knappe fünf Kilometer nach

Santiago. Also nochmals eine kurze Nachtwanderung. Schlafe dafür morgen bis zur Pilgermesse.

Santiago

Wieder mal bestätigt es sich, dass Santiago noch genialer ist, wenn man es sich verdient hat, also von einer Pilgerreise ankommt. Einfach berauschend!

*

Auch mit zu den schönsten Dingen gehört eine warme Dusche nach einem solchen Erlebnis!

Tag 4

Santiago

13.00 Uhr

Habe ausgeschlafen bis 11.15 Uhr, was bei mir extrem selten ist. Trotzdem kam ich noch rechtzeitig zur Pilgermesse. Nur bekam ich keinen Sitzplatz mehr. Ich fand schliesslich einen Platz ganz hinten in der Kirche, wo ich mich an ein Geländer lehnen konnte, das eine Treppe umgab, die in die Katakomben führte. Stehen schmerzte. Die Oberschenkel, Ferse, Fusssohlen. War immer schön, wenn man sitzen konnte. Dann sass ich im

Schneidersitz auf dem kühlenden Boden. Aber das Absitzen. Und erst das Aufstehen. Die Messe war grandios. Man merkte, dass wir in der heiligen Woche von Santiago sind. Alles war feierlich und freudig. Nicht wenige vergossen Freudentränen. Am Schluss wurde dann noch das grosse Weihrauchfass geschwenkt. Und dann gab es heftigen Beifall. Wir wurden gesegnet.

Auf dem Rückweg zum Hotel (eigentlich muss man nur gerade eine Strasse überqueren) sah ich ein Plakat, welches eine Ausstellung zum 25. Jubiläum des Papstbesuches in Santiago anpries. Der Papst war Johannes Paul II., den ich mal beim Papstbesuch auf dem Flüeli Ranft gesehen hatte. Er war gross abgebildet. Später war er der leidende Papst. Irgendwie war ich ihm in diesem Moment ganz nah. Nur werden meine Schmerzen relativ rasch wieder verschwinden. Und ich bin weiss Gott kein Heiliger. Mir standen trotzdem die Tränen in den Augen.

15.30 Uhr

111. 114. 116. 111 Kilometer steht auf den Steinen. 114 Kilometer in meinem Führer. 116 Kilometer auf meinem Distanzen-Zertifikat, welches das Pilgerbüro herausgibt. Auf diesem Zertifikat wird auch vermerkt, wann und wo man gestartet ist. Die Frau staunte nicht schlecht, als sie sah, wann ich in Sarria gestartet bin. Ich habe natürlich auch die Compostela erhalten.

Nachher gönnte ich mir Krake (Pulpo). Ich mag das so sehr, gönne es mir aber nur hier in Galicien.

Ich lege mich jetzt nochmals aufs Ohr, bis ich um 17.00 Uhr zu den Franziskanern gehe.

17.45 Uhr

Alle 100 Jahre gedenken die Franziskaner in Santiago dem Besuch von Franz von Assisi in Santiago, indem sie ebenfalls ein Zertifikat an die Pilger abgeben. Dieses Jahr jährt sich dieser Besuch zum 800. Mal. Ich habe das entsprechende Zertifikat geholt.

Es wird oft daran gezweifelt, dass Jakob der Ältere hier begraben sein soll. Auch der Besuch von Franz von Assisi wird oft in Frage gestellt. Auch ich selber bezweifle beides. Aber dieser Ort ist so voller Kraft! So gesehen liegt Jakobus hier begraben und Franziskus, der vielleicht grösste Heilige aller Zeiten und leidenschaftliche Pilger, hat ihm hier seine Ehre bezeugt!

Ich weiss nicht, was heute mit mir los ist. Ich fühle mich so gut und mit allem verbunden, fühle die Einheit aller Dinge. Die Stadt liegt im schönsten Sonnenschein, der die reinste Liebe Gottes auszuströmen scheint. Sie gibt mir Kraft. Und gleichzeitig fühle ich, wie ich Teil dieser Stadt, dieser Welt bin. Und alles ist auch ein Teil von mir. Eigentlich gibt es keine Grenzen, es gibt nur die Einheit. Und doch ist da noch ein letzter kleiner Schimmer von mir in mir. Die Leute hier strahlen alle eine solche innere Schönheit aus, dass man sie nur lieben kann. Wie Funken der Liebe scheinen sie durch die Stadt zu schweben. Ständig stehen mir Tränen der Freude in den Augen.

20.00 Uhr

War beim Friedensgebet der Franziskaner. Einfach
wunderbar. Wir trafen uns in der relativ grossen Kirche
der Franziskaner. Ein Mönch kam und rief uns zu sich.
Durch diverse interessante Räume brachte er uns in eine
kleine Kapelle in einem oberen Stock. Immer wieder liess
er Pilgermusik laufen, damit wir in uns gehen konnten.
Beim Vaterunser, das jeder in seiner Sprache betete, gaben wir uns alle die Hände, so dass wir eine grosse Kette
durch die ganze Kapelle bildeten. Beim Friedensgruss
schüttelten wir uns nicht einfach die Hände – nein, wir
umarmten uns. Der Mönch liess es sich nicht nehmen,
jeden Einzelnen in der Kapelle zu umarmen, so dass das
Umarmen einige Zeit dauerte. Wir haben uns in den verschiedenen Sprachen (Spanisch, Brasilianisch, Deutsch
mit Schweizer Akzent, Polnisch, Ungarisch, Englisch,
Französisch) des jeweiligen Teilnehmers eine Geschichte
vorgelesen. Die Geschichte ging etwa so: »Hier in Santiago haben wir ein Geheimnis. Das Pilgern endet hier
nicht. Der Weg des Pilgerns beginnt hier in dieser kleinen Kapelle. Vergiss nicht, was du auf deiner Pilgerreise
nach Santiago gelernt hast. Erzähle es. Und vergiss nicht,
dass die Liebe das Leben unterstützt.« Damit wir das
nicht vergessen, hat der Mönch jedem einen kleinen
Kieselstein, auf dem ein gelber Pfeil aufgezeichnet ist,
geschenkt.

Tag 5

Santiago

9.00 Uhr

War in der deutschsprachigen Pilgermesse in einer Kapelle in der Kathedrale. Der Pfarrer erzählte etwas über den Pilger (Ignatius von Loyola), welcher heute seinen Feiertag hat. Einer seiner Leitsätze: Gott in allen Dingen suchen.

Iria Flavia

12.00 Uhr

Sitze hier in der Kirche Santa Maria de Iria Flavia. Die Türen stehen offen. Von draussen dringt das Geräusch des Rasenmähers und der Geruch von frisch gemähtem Rasen nach innen. Der Pfarrer hat eben eine Kindermesse beendet. Habe mir von der Messnerin den Pilgerstempel geben lassen. Ich möchte heute noch eine Pilgerurkunde erhalten, welche man bekommt, wenn man aus Santiago oder aus einer Ortschaft, welche innerhalb eines Umkreises von 18 Kilometern von Padrón liegt, nach Padrón gegangen ist. Mein Ausgangspunkt ist also Iria Flavia, welches nahe an Padrón liegt und auf meiner Beschreibung für das Erlangen der Pilgerurkunde als Sehenswürdigkeit angepriesen wird. Ich werde jetzt noch die anderen Sehenswürdigkeiten besuchen.

Kirche in Padrón

12.45 Uhr

Padrón ist für die Jakobslegenden ein wichtiger Ort. Hier auf einem Hügel soll Jakob, als er zu seinen Lebzeiten Spanien evangelisieren wollte, das erste Mal gepredigt haben. Nach seinen Predigten in Spanien ging er wieder zurück in seine Heimat, wo er als erster Märtyrer der Apostel mit dem Schwert hingerichtet wurde. Zwei seiner Jünger bestiegen mit seinem Leichnam ein Schiff, welches Engel wieder nach Padrón führten. Die Königin Lupa wollte den Leichnam nicht. Über Umwege kam der Leichnam dann nach Santiago und die Königin Lupa wurde bekehrt und schliesslich getauft.

In der Kirche hier ist vorne im Altar der Stein – wohl ursprünglich ein römischer Altarstein –, an dem das Schiff angeseilt worden war, als der Leichnam in Spanien eintraf.

Meine Mutter mag Engel. Wer nicht? Ich habe ihr versprochen, hier für sie (sie hat fürchterliche Schmerzen im Bein seit einer Hüftoperation) und für meine berufliche Zukunft zu beten. Beides liegt auch mir sehr am Herzen. Ich zünde deshalb hier Kerzen an und bete wie versprochen.

13.00 Uhr

Nachdem ich die Jakobsbrücke überquert habe, sitze ich nun an der Sar bei einem Replikat des Steines, den ich eben in der Kirche bewundert habe. Er ist an der Stelle aufgestellt, an dem ursprünglich das Original stand, bevor es in die Kirche verlegt wurde. Ist irgendwie schon der Wahnsinn! Ich sitze hier an der Stelle, wo der Legende nach irgendwie der Anfang für all die Pilgerreisen nach Santiago liegt.

13.15 Uhr

Nun sitze ich beim Fuente del Carmen, einem Brunnen, der die Taufe der Lupa symbolisiert. Ich schütte mir etwas Wasser ins Gesicht und trinke einen Schluck.

Santiaguiño do Monte

13.45 Uhr

114 (nein, nicht 111 oder 116) Treppenstufen führen von Padrón zum Santiaguiño do Monte, wo sich auf einem Felsen ein Steinkreuz und eine steinerne Statue des Jakob befinden. Hat man die 114 Stufen ohne Unterbrechung bewältigt, so soll einem besondere Gnade zuteilwerden. Natürlich habe ich das getan. Ich habe es für die Liebe, für Sarah und mich, getan. Was Jakob hier wohl gepredigt hat? Sein Freund und Meister muss ihn stark beeindruckt haben, dass er bis hierhin ging, um sein Wort zu verkünden. Ob er hier auf diesem Hügel wohl an die Bergpredigt gedacht hat?

Padrón

15.00 Uhr

Sitze hier in einem Park neben der Kirche und habe mir eben Pimientos de Padrón, diese grünen Paprika, gegönnt. Lecker!

Jetzt gibt es noch einen Kaffee. Das Leben ist so schön. Mein besonderer Zustand von gestern, den ich nur unvollständig beschreiben konnte, war zwar heute nach der Nacht weg, aber ich geniesse, ihn gehabt zu haben, ich geniesse es, hier zu sein, ich lebe das Leben.

Busstation Padrón

15.50 Uhr

Warte auf den Bus nach Santiago. Habe mir bei der Pilgerherberge meine Urkunde für die Pilger in Padrón, die Pedronia, geholt. War ein schöner Tagesausflug. Ich hoffe, dass ich hier irgendwann auf dem Pilgerweg von Porto nach Santiago wieder vorbeikommen werde.

Tag 6

Santiago

3.15 Uhr

Wahnsinn! Der Krach eines Feuerwerks holte mich aus dem Bett. Das Feuerwerk war beim grossen Park und dauerte so lange, dass ich trotzdem noch einen guten Teil davon mitbekam. So umMitternacht war das Feuerwerk vorbei und dann begann auf dem Platz vor der Kathedrale ein Konzert! Die Musiker hatten extrem viele Musikrichtungen drauf und ich war so fasziniert, dass ich bis zum Ende – und das war eben gerade erst jetzt! – blieb. Morgen kann ich wieder ausschlafen. Oder besser heute. Wie auch immer.

Kap Finisterre

18.45 Uhr

Habe ausgeschlafen. Dann bin ich mit dem Bus hierhergefahren. Eigentlich nur nach Finisterre, wo ich auch übernachten werde. Den Weg von Finisterre zum Faro habe ich zu Fuss zurückgelegt.

Dies ist ein besonderer Ort. Für mich. Weil ich hier zusammen mit Sarah den Weg von Saint-Jean-Pied-de-Port nach Santiago (fast – wir gingen ja noch nach Muxia) beendet habe. Weil ich hier nach dem Camino Inglés im Hotel des Leuchtturms mit Sarah wunderbare Tage verbracht habe. Jetzt bin ich wieder hier. Dies ist aber auch sonst ein besonderer Ort. Hier steht der 0-Kilometer-Stein. Hier, dachte man früher, sei das Ende der Welt. Dies ist ein Ort der Kraft. Ich durfte schon an einige solche Orte der Kraft kommen. Einer ist in der Kirche der Gemeinde, in der ich wohne, ganz vorne links, wo man die Kerzen anzünden kann. Dann gibt es solche Orte in vielen Kirchen: in Mariastein, unten bei der Maria im Stein, in Einsiedeln bei der Schwarzen Madonna, beim Flüeli Ranft, bei der Einsiedelei des Bruder Klaus, in Guadalupe in Mexiko und natürlich in Santiago. Aber auch an anderen Orten wie in Real de Catorce in Mexiko und auf vielen der von mir bestiegenen Berge erahnt man die Schöpferkraft, die Unendlichkeit, die unermessliche Liebe Gottes. So auch hier, wenn man von hier in die Weite des Meeres blickt. Gott ist überall. Er zeigt sich uns in allen Dingen und an allen Orten. Und er tut dies überall mit unendlicher Stärke. Man muss nur seine Sinne öffnen. Und es gibt Orte, da zeigt er sich im speziellen Ausmass. Zwei Wahrheiten, die sich widersprechen. Doch ich habe gelernt, dass man, wenn man dem Geheimnis unseres Daseins näherkommen will, genau mit solchen Widersprüchen leben können muss. Nur wenn man beide widersprüchlichen Wahrheiten voll akzeptiert, kommt man der höheren Wahrheit näher. Dies ist ein spezieller Ort. Und spezielle Orte sollte man ehren. Auch in der Not ist es gut, wenn man an einen Ort gehen kann, der einem Kraft geben kann.

Das Wetter hat etwas umgeschlagen. Bis jetzt war es

immer sonnig. Jetzt ist es bewölkt und zeitweise regnet es ganz wenig. Ich werde hier bleiben, bis die Sonne untergeht, und hoffen, dass ich trotz der Wolken den Sonnenuntergang beobachten kann.

22.30 Uhr

Das Wetter wurde hier sogar besser. Am Horizont aber, wo die Sonne unterging, blieben die Wolken. Es war trotzdem schön. Die Sonne ging zuerst in den Wolken unter. Später wurde das Meer ganz hinten plötzlich für eine Zeit wieder heller, dann war auch das vorbei. Trinke jetzt in der Bar hier beim Faro noch einen Irish Cream, dann mache ich mich auf den Spaziergang runter nach Finisterre. Tat gut, hier einfach eine gewisse Zeit zu verbringen und sich auf den Ort einzulassen.

Tag 7

Santiago

21.45 Uhr

Heute Morgen habe ich ausgeschlafen. Dann bestieg ich den Bus zurück nach Santiago. Etwa um 14.00 Uhr war ich wieder hier, habe mein Gepäck kurz ins Zimmer gebracht und bin dann bis jetzt durch die Stadt gebummelt. Habe mal irgendwo Jamon Iberico gegessen, bin sonst wo kurz ins Internetcafé, um mit Sarah zu chatten, bin durch den Park spaziert. Bin begeistert wie ein Kind mit dem Touristenzüglein durch die Stadt gefahren. Habe mit einer Gruppe das Dach der Kathedrale bestiegen und war fasziniert von der Perspektivenverschiebung. Ging in Häuser, in die man gehen darf und in denen ich noch nie war. Habe eine Gruppe junger Italienerinnen (begleitet von zwei Nonnen in meinem Alter) auf ihren Wunsch fotografiert, als sie vor der Kathedrale einen Pfeil aus Menschen bildeten. Wir hatten einen Heidenspass. Habe dem Gesang der Benediktinerinnen gelauscht. Habe Jakobsmuscheln gegessen. Kurz: Ich genoss es, in der Stadt zu sein.

Tag 8

Flughafen Santiago

12.45 Uhr

Bald geht es nach Hause. Wieder ist eine Pilgerreise beendet, bei der ich mir bewusst Ziele gesetzt habe, von denen ich nicht wusste, ob ich sie erreiche. Als ich kürzlich von einem Feuerlauf nach Hause kam, meinte Sarah, sie hätte beim Studium gelernt, dass wir solche verrückten Sachen machen, um sie nachher in uns integriert zu haben. Wir hätten sie erlebt – müssten keine Angst mehr vor ihnen haben – sie seien Teil von uns. Ich gehe eigentlich meistens vom Gegenteil aus. Wenn ich so etwas mache, dann kann ich mich nicht ganz klein machen und irgendwo in einer dunklen Ecke in meinem Zimmer hinter einer Schranktür verbergen. Dann muss ich raus! Dann muss ich mich aussetzen. Dann muss ich Teil des grossen Ganzen werden. Wieder zwei sich widersprechende Wahrheiten. Wir sind Teil des Universums und dieses ist Teil von uns. Oder letztlich: Ich bin in Gott und Gott ist in mir.

Habe heute Morgen lange hin- und herüberlegt, ob ich noch zur Pilgermesse gehen könne. Bin dann zum Schluss gekommen, dass das mit dem Flug zu knapp werden könnte. Also stand ich um 9.00 Uhr auf und packte meine Sachen in den Rollkoffer. So um 9.40 Uhr ging ich dann zur Kathedrale, um wenigstens Jakob nochmals die Ehre zu erweisen. Ich stieg zuerst runter zu seinem Sarg und betete da ein Vaterunser. Dann stieg ich rauf zu seiner Statue, um sie zu umarmen. Gleich nach der Umarmung hörte ich die Durchsage, dass gleich eine Messe anfangen würde und man während dieser nicht fotografieren dürfe. Ich setzte mich also hin. In die zweite Reihe. Bald fing die Messe an. Am Schluss schwenkten sie sogar noch das grosse Weihrauchfass! Ich konnte danach nicht anders, als Jakob nochmals zu umarmen.

Camino de Invierno (Winterweg)

Tag 1

Santiago

Heute Morgen (28. Dezember) um 4.15 Uhr hat mein Wecker geklingelt. Ich habe ihn auf 4.25 Uhr umgestellt und habe Sarah zu mir gezogen, um noch ein letztes Mal vor der Reise ihre Wärme zu spüren.

Um 4.25 Uhr bin ich dann aufgestanden und habe diese Reise gestartet, welche mich in den nächsten Tagen auf den Camino de Invierno bringen wird.

Bei genauerer Betrachtung bin ich eigentlich schon seit dem 24. Dezember unterwegs. An diesem Tag war ich zuerst mit meinem Patenkind im Zoo, damit meine Schwester (die Mutter meines Patenkindes) kochen konnte. Den Nachmittag und Abend habe ich dann bei meiner Schwester mit ihrem Mann, ihren Kindern, meinem Bruder und meinen Eltern verbracht. Um 23.00 Uhr ging ich mit meinem Neffen in die Abendmesse – als wir zurückkamen waren die anderen im Bett, weshalb ich nach Hause fuhr und noch meine Weihnachtszigarre rauchte, bevor ich ins Bett ging. Sarah sah ich an diesem Tag nicht – sie musste arbeiten.

Am 25. Dezember ging ich zur Morgenmesse nach Dornach, welche sehr schön war, da eine Geigenspielerin sehr gefühlsergreifend spielte. Dann bin ich zu Sarah gefahren und habe den Nachmittag/Abend mit ihr und ihrer Familie verbracht.

Am 26. Dezember gingen wir dann am Wohnort von Sarah in die Kirche – diese war für mich ungewöhnlich, weil sie evangelisch war und man Lieder wünschen konnte. Am Nachmittag sind Sarah und ich zu meinem Bruder an den Bodensee gefahren und haben mit ihm einen feuchtfröhlichen Abend verbracht.

Am nächsten Tag haben wir einen Freund von mir besucht und sind wieder nach Hause gefahren.

Ich reise also schon einige Tage.

Aber das Leben ist doch grundsätzlich eine Reise, ein Weg.

Gestern war nicht mein Tag. Auf der Heimfahrt hat mir Sarah anvertraut, dass sie öfters daran denken müsse, was in 10 oder 20 Jahren sei und dass da unser Altersunterschied von 19 Jahren nicht ideal sei. Natürlich hat sie Recht. Das habe ich ihr während der Heimfahrt auch gesagt. Somit war das Thema vorläufig erledigt. Wir lieben uns – aber unser Altersunterschied ist ein Problem.

Zu Hause habe ich dann das Flugticket nochmals eingesehen und schockiert festgestellt, dass ich den Flug verkehrt gebucht habe – also für heute von Santiago nach Basel und für den 11. Januar von Basel nach Santiago! Da es sich um einen Billigflug handelte, war es finanziell verkraftbar – aber konnte ich um 19.00 Uhr am Tag vor dem Flug noch ein neues Ticket buchen? Ja, ich konnte! Erleichterung.

Gleichzeitig hatten der Schock und die folgende Erleichterung bei mir aber auch ausgelöst, dass das Thema mit Sarah bei mir wieder hochkam. Hoch kamen auch die Tränen. Ich habe zum ersten Mal seit Jahren wieder geweint. Ich hatte Sarah auf dem Camino Francés kennengelernt – obwohl wir nicht weit voneinander wohnten. Das kann doch kein Zufall sein! Wieso müssen wir dann trotzdem diese blöden Probleme haben? Das macht mich auch jetzt hier in Santiago noch sehr traurig und gleichzeitig bin ich froh, dass ich sie überhaupt getroffen habe.

Um 4.45 Uhr kam dann meine Mutter. Sie hat mich zusammen mit Sarah zum Flughafen gebracht.

Der Flug verlief unspektakulär.

Als ich vom Flugzeug zum Flughafengebäude ging, regnete es. Santiago weinte mit mir. Als ich dann aus dem Gebäude kam, sah ich einen Regenbogen. Ein Zeichen?

Habe mich heute in einem schönen Hotel einquartiert – im Hotel Monumento San Francisco. Hier war früher ein Franziskanerkloster, das von einem meiner Lieblingsheiligen – Franz von Assisi selbst – gegründet worden ist.

Ich habe auch die Pilgermesse besucht. Im Vergleich zu den Pilgermessen, welche ich bis jetzt erlebt habe, war die Kathedrale eher leer. Ich sass in der vordersten Reihe des Hauptschiffes und habe vom Erzbischof persönlich die Kommunion erhalten.

Dann habe ich mir eine Blutwurst aus Burgos (Burgos war die erste Stadt auf dem Camino Francés, in der wir einen Ruhetag machten – und die letzte vor Santiago) gegönnt.

Bin gespannt auf den Winterweg. Ich habe nur eine englischsprachige Beschreibung zur Verfügung. Diese warnt, dass der Winterweg nichts für Anfänger sei. Zudem sei die Bezeichnung irreführend. Wind, Matsch, Schnee, Nebel, Höhenunterschiede und auch die Einsamkeit seien nicht zu unterschätzen.

Die Wettervorhersage habe ich nochmals eingesehen. Grundsätzlich das gleiche Wetter für die nächsten 14 Tage: regnerisch/bewölkt. Wie gesagt: Bin gespannt!

Da steht auch noch: Der Invierno ist heute das, was der Camino Francés für Jahrhunderte war: eine Herausforderung für flexible und zielstrebige Pilger.

Was mache ich hier? Wollte doch eigentlich in dieser Zeit auf den Mount Kenia – die Reise fand aber wegen zu weniger Anmeldungen nicht statt. Jetzt verwirkliche ich mir diesen Traum, von dem ich träume, seit ich von diesem Weg im Sommer nach unserem Camino Inglés hier in Santiago erfahren habe.

Tag 2

Ponferrada

Ich bin in Ponferrada bei der Herberge und warte, bis diese öffnet.

Obwohl ich schon mal in Ponferrada war, war ich noch nie bei der Herberge.

Lustig ist, dass sie schon wieder einem Lieblingsheiligen von mir gewidmet ist: dem Schweizer Nationalheiligen Niklaus von Flüe.

Ponferrada liegt auch am Camino Francés.

Letztes Mal haben Sarah und ich uns hier ein Hotelzimmer genommen, weil wir mal etwas Zeit für uns haben wollten.

Dazu gibt es eine lustige Anekdote. Sarah und ich waren frisch verliebt. Wir haben uns oft tief in die Augen geschaut. Wir waren in diesen Tagen mit einer Gruppe Deutscher unterwegs. Als wir mal rasteten, meinte eine Deutsche: »Nehmt euch doch ein Zimmer!« Diese Direktheit hat mich etwas verwirrt – obwohl ich es mag, wenn jemand direkt ist. Die Deutsche war dann verwirrt, als wir tatsächlich auf ein Hotel statt die Herberge zusteuerten.

Heute Morgen bin ich mit einer ca. dreistündigen Zugfahrt von Santiago angereist. Unvermeidlich musste ich an das Zugunglück bei Santiago denken. Ich betete für all die Toten, Verletzten und ihre Angehörigen.

Bei der Einfahrt in Ponferrada sah ich den McDonald's, der nahe bei der Bahnstrecke ist. Da kamen mir schon wieder Erinnerungen hoch. Nach gut 600 Kilometern auf dem Camino Francés hatten Sarah und ich genug von den täglichen Pilgermenüs am Abend. Deshalb nutzten wir es aus, in einer grösseren Ortschaft zu sein, und gingen am Abend zum McDonald's. Auf dem Parkplatz fragte ich Sarah das erste Mal, ob sie mich heiraten möchte. Sie sagte Ja. Sie dachte, es sei ein Scherz. Ich mache viele Scherze. Aber keine solchen. Ich wusste schon damals, dass das nicht einfach ein Camino-Flirt war. Ich liebte sie. Ich liebe sie. Ich werde sie immer lieben. Auf welche Art hängt davon ab, wie sie unsere Zukunft sieht. Ich würde ihr die Frage, die ich ihr hier gestellt habe, noch tausend Mal stellen …

Der guten alten Zeiten wegen ging ich heute vom Bahnhof direkt zum McDonald's. Ich musste unterwegs mit den Tränen kämpfen.

Es war 12.00 Uhr. Im McDonald's waren nur ich und ein älterer Herr, der Zeitung las und einen Kaffee trank. Ich war in Spanien!

Habe dann noch die interessante Burg besucht und festgestellt, dass der Weg für den Camino Francés von der Herberge aus gut markiert ist. Wir sind letztes Jahr vom Hotel aus eine gute halbe Stunde durch den Regen geirrt. Vielleicht war das die Busse für die Hotelübernachtung.

Irgendwie bin ich jetzt, als ich die Herberge und das Bild von Niklaus von Flüe sah, hier angekommen. Ich freue mich auf die nächsten Tage!

Ab morgen wird alles neu! Denn hier fängt der Camino de Invierno nicht nur an, hier nimmt er auch gleich nach 200 Metern eine andere Route als der Camino Francés.

*

Habe ein Zimmer bekommen. Die Herberge verlangt nichts – nur Spenden. Habe etwas gespendet und bin in ein Vierbettzimmer gekommen. Da lässt sich nicht murren!

*

Es ist jetzt 9.00 Uhr abends. Am Nachmittag bin ich etwas durch die Ortschaft geschlendert und habe drei bis vier Kilometer auf dem Camino Francés rückwärts zurückgelegt. Es ist schön, wieder auf dem Weg zu sein.

War noch in der Kirche. Eine Gruppe junger Erwachsener hat während der Messe gesungen, Saxophon, Gitarre und Schlagzeug gespielt. War sehr schön. Am Schluss nach dem Handschütteln beim Verlassen der Kirche klopfte mir der Pfarrer auf den Rücken und sagte: »Buen Camino!«

In der Herberge sind nun auch andere Pilger. Schätzungsweise etwa zehn Frauen und Männer. Ich bin alleine in meinen Vierbettzimmer und gehe jetzt schlafen.

Tag 3

Puente de Domingo Florez

Bin heute um 7.30 Uhr losgegangen. Als ich endlich Licht hatte, war ich in einem Rebberg.

Vom Rebberg aus ging es über Hügel, bis es dann einen grösseren Hügel zu besteigen galt. Insgesamt waren die 35 Kilometer heute gut mit Höhenmetern gewürzt. Nur der Regen mochte mich heute nicht so. Er hat mich erst ab ca. 12.00 Uhr begleitet.

Unterwegs zum Castillo de Cornatel kam ich in der Ortschaft Villavieja vorbei. Dort (und später) zeigte sich, dass die Hunde nicht in ganz Spanien wie am Camino Francés angekettet sind. Ich wurde heute mindestens fünf Mal von Hunden, die in Gruppen in Bissweite meiner Beine waren, begleitet und angebellt und angeknurrt. Da hiess es Ruhe bewahren. Einzig ein äusserst aggressives Riesenviech in Villavieja war zum Glück (für mich) angekettet. Dieses Biest hätte mich wohl in Stücke zerrissen. Wer hält so Hunde?

Nach Villavieja kam ich an imposanten Bäumen vorbei. Es waren Edelkastanien. Ich hatte Hunger und habe drei bis vier roh gegessen.

Nach dem Castillo ging es dann endlich mal abwärts. In Borrenes machte ich nach ca. 20 Kilometern in einer Bar Halt. Die Frau an der Bar wusste das erste Mal bei mir auf einem Jakobsweg in Spanien, was ich mit Cola und Fanta wollte und hat es mir gleich gemischt. Dazu gab es ein Bocadillo (Sandwich) mit Chorizo.

Dann ging es auch schon wieder aufwärts. In Las Medulas hätte ich die römischen Goldminen bestaunen wollen, die wie Klippen aus der Gegend ragen. Leider war mir die Sicht durch Regenwolken erschwert. Genau diese Wolken liessen das Ganze aber auch mythisch aussehen. Für die richtige Sicht habe ich mir in einem Restaurant eine Postkarte gekauft und nach Hause gesendet.

Nach weiteren acht Kilometern durch den Regen kam ich schliesslich in Puente de Domingo Florez an. Dort übernachte ich nun im Hostal La Torre. Das Bett scheint gut zu sein – ich schreibe auf dem Bett, da ich keinen Tisch habe.

*

Habe noch kurz mit meiner Schwester und ihrer Tochter (meinem Patenkind) telefoniert. Sie haben beide heute Geburtstag. Sie haben sich gefreut, dass ich von Spanien aus angerufen habe, um zu gratulieren.

Da mein Bedarf an Adrenalin (Hunde) und Regen für heute gedeckt ist, werde ich nicht mehr viel machen. Ich gehe jetzt gleich duschen und um 21.00 Uhr gibt es das Abendessen. Dazwischen lege ich mich wohl etwas aufs Bett.

*

Das Duschen tat gut! Hatte vorher etwas Schüttelfrost – bin den halben Tag durch Regen gelatscht und die Heizkörper hier sind kalt! Das Duschen hat mich aufgewärmt.

Habe Zimmer 13. Ob das Glück oder Unglück bringt? Wer übernachtet hier wohl noch? Pilger habe ich jedenfalls seit Verlassen der Herberge keine mehr gesehen. Falls jemand einen Geheimtipp sucht, wo er auf einem Jakobsweg in Spanien noch alleine gehen kann – hier ist er: Camino de Invierno gegen Ende des Jahres bei Regen.

So, ich verkrieche mich jetzt unter die Decke bis zum Nachtessen.

*

Das Essen war gut, reichhaltig und landestypisch. Der Heizkörper ist jetzt auch etwas warm. Nun kann ich schlafen.

Tag 4 (Silvester)

A Rua de Valdeorras

Heute bin ich um 8.00 Uhr losgegangen. Am Anfang ging es auf einen kleinen Hügel mit einem schönen Blick zurück auf die Stadt. Weiter ging es mit Blick auf einen See und dann kurz am Seeufer entlang. Der See war der gestaute Fluss Sil, dessen Verlauf ich grundsätzlich heute immer folgte – wenn auch nicht immer direkt. Dann querte ich noch ein Geisterdorf – kein Wunder – die Bahnstrecke wurde genau durch das kleine Dorf verlegt. Die Wanderung war sehr schön und führte durch Rebberge (die Gegend soll bekannt für den Wein sein) und Hügel.

Nach etwa 19 Kilometern kam ich schliesslich nach O Barco de Valdeorras – eine Stadt am Ufer des Sil, wo auch Palmen, Olivenbäume etc. wachsen. Kaum habe ich gedacht, dass ich in Spanien (in der Schweiz bin ich ein eingefleischtes Landei) wohl eher Städter wäre, da es dort nicht so viele freilaufende Hunde gibt, zeigte sich wieder, wieso ich kein Städter bin. Ich fand keine Markierung und dachte, die Richtung sei falsch. Die Richtung war falsch – ich bin einfach zwei Strassen zu früh abgebogen und hätte einfach auf die nächste Markierung warten müssen. Die Zusatzschlaufe und mein Dickschädel kosteten mich drei bis vier Kilometer. Und so wurden aus den angegebenen 31 Kilometern wieder 34 bis 35.

In O Barco gönnte ich mir auch ein Bocadillo mit Serrano-Schinken.

Ab O Barco war der Weg zunächst nicht sehr schön – er führte mich auf geteerte Landstrassen.

Um 13.00 Uhr zeigte sich auch, dass ich dem spanischen Regen Unrecht getan hatte – er mag mich doch, denn ab da hat er mich wieder begleitet. Und diesmal mit voller Leidenschaft. Er ist halt einfach kein Frühaufsteher.

Zum Glück führte der Weg dann bald dem Flussufer entlang (keine wirkliche Strasse, aber leider auch geteert). Der langsame Fluss des Flusses hatte etwas Beruhigendes.

Als ich in A Rua de Valdeorras ankam, ging ich zuerst in ein Café. Ich hatte Hunger und Durst. Es gab frisch gepressten Orangensaft und eine Art spanische Fotzelschnitte. Da ich noch mehr Durst hatte, bestellte ich mir noch eine Cola. Auf der Dose stand: »Sara«. Kann das Zufall sein?

Dann machte ich mich auf die Suche nach einem Hotel. Zuerst fand ich das Hotel Espada, welches in meiner Wegleitung ausdrücklich nicht empfohlen wird. Ich ging also weiter. Wollte zum Hotel Niza beim Bahnhof. (Wir sind wieder in einer Stadt!) Den Bahnhof fand ich schnell – aber kein Hotel Niza! Da lief ich durch die ganze Stadt und hielt Ausschau nach einem Hotel.

Nichts gesehen. Also doch zum Espada. Verschlossen. Klopfen. Es kommt ein etwas schäbig gekleideter Herr mit Alkoholfahne (gut – es ist ja schliesslich Silvester). Er sagt mir, das Hotel sei voll und das nächste sei zwölf Kilometer weit weg in O Barca! Scheisse. Ich gehe nochmals zum Bahnhof. Sehe noch immer nichts. Ich frage in einem Restaurant, wo denn das Hotel sei. Gleich um zwei Ecken – aber nicht einfach, wenn man es nicht weiss. Ich gehe zum Hotel. Verschlossen. Ich klingele. Ein Mann kommt. Es hat ein Zimmer! Juhu, nach ca. einer Stunde Hotelsuche habe ich ein Zimmer gefunden! Es ist klein, aber es reicht. Und die Heizung wird sofort hochgedreht.

*

Jetzt gehe ich mal meine Jahreswechsel-Zigarre rauchen.

*

Habe nach der Zigarre noch ein Glas Rotwein aus Rua (also von hier) in einer Bar getrunken. War gut. Der Trubel ist mir heute aber zu viel. Werde nicht gross feiern. Nicht wie damals nach dem Camino Francés Halloween in Santiago mit Pilgerfreunden …

Früher habe ich Silvester mit meinem Grossvater gefeiert. Wir gingen in den Wald, machten ein Feuer und wanderten schliesslich mit einer Fackel nach Hause. Als er zu alt war, um draussen zu feiern, feierten wir in seinem Wohnzimmer, das nun mein Wohnzimmer ist. Ich vermisse ihn.

Dann habe ich Silvester nicht mehr gross gefeiert. Letztes Jahr waren wir nach der Besteigung des Ruwenzori in einer Safari-Lodge und feierten da.

Was habe ich mir für das neue Jahr vorgenommen?

In den letzten Jahren nahm ich mir jeweils vor, mir nichts vorzunehmen. Das halte ich auch dieses Jahr wieder so.

Aber ich bete dafür, dass das mit Sarah ein gutes Ende (hoffentlich zu zweit) nimmt. Ich habe ihr damals im Auto bei der Heimfahrt von meinem Bruder gesagt, dass ich im Notfall auch ohne sie leben könnte, da sie mir gesagt hat, dass ihr das Ganze zu viel Verantwortung sei. Ich sei ja doch schon älter und sie wisse nicht, wie das für sie in einigen Jahren aussehen würde. Bevor ich sie kennenlernte, war ich ein Steppenwolf, glücklich alleine zu sein. Und ich habe mir gesagt, dass ich so meinen spirituellen Weg besser verfolgen könne. Deshalb ging ich auf den Camino Francés. Sie hat mir gezeigt, was Liebe ist. Vorher konnte ich nur Verwandte lieben. Nun gelingt es mir (auf welche Art auch immer) bei immer mehr Menschen. Auch das ist Teil des spirituellen Weges. Zählt am Schluss nicht nur die Liebe/das Mitgefühl? Dafür werde ich ihr immer dankbar sein. Und ja, ich könnte ohne sie leben. So wie ich mit einem Bein weniger leben könnte. Nur der Trennungsschmerz wäre riesig und es blieben immer Phantomschmerzen. Für einen begeisterten Pilger, Wanderer und Bergsteiger wie mich würde das zudem dauernde körperliche, psychische und seelische Schmerzen bedeuten.

*

Jetzt gehe ich erst mal duschen.

*

Noch was zur Statistik: Andere angetroffene Pilger: 0!

*

Sarah hat angerufen. Ich vermisse sie. War schön, sie zu hören.

Tag 5 (Neujahr)

Quiroga

Als ich heute Morgen das Hotel um 8.00 Uhr verliess, war die Strasse vor dem Hotel noch stark bevölkert. Junge hübsche Frauen in Miniröckchen waren mit ihren Männern in Anzug auf der Strasse und in den Bars und feierten noch immer.

Was würde mir das neue Jahr bringen?

Der Weg wollte mir heute etwas anderes zeigen!

Der Weg führte zuerst in die Höhe auf halbe Höhe zwischen den Gipfeln der Hügel und dem Fluss. Und da blieb er dann auch – was aber trotzdem einige Höhenmeter bedeutete, da immer wieder Bäche etc. kamen.

Das Wetter war heute weiterhin durchzogen. Um 9.00 Uhr regnete es das erste Mal. Dann wechselten sich trockene Phasen mit Regen ständig ab.

Trotz des Wetters war die Sicht zum Fluss runter berauschend.

Der Weg war zur Hälfte auf einer (fast) nicht befahrenen (aber geteerten) Landstrasse. Die andere Hälfte waren Feldweg, richtige Wanderwege und oft sogar Bergwege.

Ich ging durch kleine und kleinste Dörfer. Die waren offenbar so klein, dass nur in zwei Dörfern jeweils ein (freilaufender) Hund anzutreffen war. Der erste trottete durchs ganze Dorf friedlich neben mir her und markierte von Zeit zu Zeit. Als ich ihn fotografieren wollte, rannte er davon. Der zweite war ganz ruhig. Da wollte ich ihn fotografieren. Da bellte er und rannte auf mich zu. Ich liess die Kamera wieder verschwinden und er war wieder ganz ruhig!

Unterwegs sah ich auch eine Schlossruine und ging gleich anschliessend auf einem Weg, welcher in den Steinen Karrenspuren hatte. Wer die wohl gemacht hatte?

Die Aussicht und die kleinen Dörfer haben mir sehr gut gefallen. Die kleinen Dörfer hatten aber auch einen Nachteil: Es gab nirgends ein Restaurant oder eine Bar. So sah ich die erste Bar hier in Quiroga gleich am Ortsanfang. Sie war heute geschlossen. Nach 100 Metern kam ich zu einer Tankstelle mit Shop. Ich kaufte mir ein Red Bull und Gummibärchen. Das war nach 28 gewanderten Kilometern mein Frühstück. Nochmals 100 Meter später kam eine Herberge. Sie war zu. Dann kam die erste offene Bar! Sie hatten nichts zu essen! Ich genehmigte mir trotzdem ein selbst gemischtes Spezi und liess mir den Stempel für heute geben. Ich hoffe, dass das keine Probleme wegen der Compostela geben wird! Ich brauche nämlich eigentlich zwei Stempel pro Tag, um diese Compostela zu erhalten (zumindest auf den letzten 100 Kilometern). Die eine kann ich mir in der jeweiligen Unterkunft holen, aber die andere brauche ich von einer Bar oder etwas anderem während der Tageswanderung. Was soll's – ich habe ja schon Compostelas. Der Camino verkam langsam zur Bar-Hopping-Tour. Bei der nächsten Bar gab es tatsächlich mein lange ersehntes Bocadillo mit Serrano-Schinken. MeinMittagessen. Und wahrscheinlich auch mein Nachtessen. Ich mag heute nicht mehr raus.

Nochmals 50 Meter später fand ich dann das Hostal Quiper, wo ich heute übernachte. Ich habe sogar ein eigenes Bad! Das hatte ich seit Santiago nicht mehr.

Was wollte mir der Weg heute sagen?

Der Weg flüsterte mir heute dauernd zu: »Gehe Schritt für Schritt. Geniesse den Augenblick! Wenn es regnet, dann sei froh, dass du Wasser hast. Wenn es aufhört zu regnen, dann geniesse auch das. Wenn du heute schon wieder keine Pilger gesehen hast, so geniesse die Einsamkeit. Wenn die Strasse geteert ist, so geniesse den Halt, den sie gibt. Wenn du auf einem Bergweg gehst, geniesse die Wohltat für deine Füsse. Geniesse den Augenblick, lebe im Moment. Denn der momentane Augenblick ist ewig!«

Und unten raunte der Fluss: »Sei wie ich. Nimm jede Erfahrung so, als sei sie ganz neu für dich. Glaube nicht, zu wissen! Und profitiere doch von deiner Erfahrung. Du bist immer der Gleiche und doch stetig anders!«

*

Gibt es in Santiago nicht auch so eine Bar-Hopping-Tour? Ich meine, mal so etwas gelesen zu haben …

Tag 6

Montforte

Als ich heute Morgen das Hotel verliess, schlug die Kirchturmuhr gerade acht Mal.

Etwa die ersten vier Kilometer musste ich auf einer befahrenen Strasse gehen. Zum Glück hatte ich die Taschenlampe bereit, um allenfalls nach Pfeilen zu suchen. So konnte ich sie angezündet lassen und die Autos konnten mich sehen.

Als es langsam heller wurde, ging auch der Weg weg von der Strasse und auf Feldwegen in die Hügel. Die Hügel waren mit Nadelbäumen bewachsen. Das Landschaftsbild war fast wie im Schweizer Jura. Immer wieder ging es einen Hügel rauf und runter. Als es schliesslich in einem Gebüsch raschelte, dachte ich, ich sei hinter den sieben Bergen und einer der sieben Zwerge würde nun erscheinen. Oder Schneewittchen. Es war ein Fuchs. Ich hielt Ausschau nach dem Hasen. Doch es war noch nicht Zeit, sich gute Nacht zu wünschen.

Nach insgesamt 24 Kilometern war ich in Pueblo de Brollon. Dort war auch eine Bar. Sie hiess Alte Taverne und war auch so eingerichtet. Irgendwie passte das zum eben erlebten Zauber. Ich ass ein Bocadillo mit Serrano-Schinken.

Weiter ging es über ein Feld, zuerst einem grösseren Bach entlang. Dann musste noch ein letzter Hügel überschritten werden, bevor ich durch das langgezogene Montforte zu meinem Hotel kam. Das Hotel heisst Puente Romana und liegt gleich bei der römischen Brücke. Zuerst teilten sie mich in ein nicht so schönes Zimmer mit keiner Aussicht ein. Als ich das Bad betrat, war es voll Wasser. Von oben tropfte Wasser ins Bad. Der Regen hatte zwar heute erst um ca. 15.00 Uhr eingesetzt. Trotzdem hatte ich heute auf den zurückgelegten 33 Kilometern und in den vergangenen Tagen so viel Wasser abbekommen, dass ich das nicht brauchte. Ich ging mich beschweren und erhielt ohne Murren ein anderes Zimmer – dieses gefällt mir viel besser und ich habe direkte Sicht auf die römische Brücke.

Ein wunderschöner Tag!

*

Muss ich noch erwähnen, dass ich wieder keinen anderen Pilger sah?

*

Habe eben den Telefonbeantworter meines Handys abgehört und danach mit meiner Mutter telefoniert. Eine meiner Nichten hatte beim Spielen mit meinem Neffen einen Unfall. Schädelbruch. Zustand scheint nun aber stabil zu sein. Oh Gott! Sie haben mich gebeten, morgen den Weg für sie zu gehen. Das werde ich selbstverständlich tun. Und ich werde für sie beten. Viel mehr könnte ich leider auch zu Hause nicht machen. Lieber Gott, bitte lass sie wieder gesund werden!

*

Ich könnte jetzt Sarahs Nähe gut gebrauchen. Habe ihr eine SMS geschrieben. Schrieb zurück. Trost.

*

Ich bin traurig.

*

War draussen. Habe eine Kirche gesucht. Mehrere gefunden. Alle verschlossen. Musste weinen. Scheisse, ich bin doch nicht so nahe am Wasser gebaut! Habe halt vor einer Kirche gebetet. Gott ist überall. Ich betete für meine Nichte und auch für meinen Neffen, welcher sich grosse Vorwürfe zu machen scheint.

Habe dann in einer Bar einen Baileys getrunken und mir unterwegs eine Cola für aufs Zimmer gekauft. Mehr bringe ich im Moment eh nicht runter.

Mutter wird mich auf dem Laufenden halten.

Tag 7

Casa Rural Torre Vilarino (Escairon)

Habe schlecht geschlafen. Bin heute darum etwas später los. Bevor ich mich auf den Weg machte, widmete ich diesen nochmals ganz bewusst meiner Nichte.

Der Weg verlief zuerst lange über geteerte Nebenstrassen. Es war relativ flach und ereignislos.

Dann führte er auf Feldwege – meistens solche, die auf beiden Seiten Steinmauern hatten. Der Weg wurde matschig, dann wurde er zum Bach. Des Öfteren und nicht nur kurz. Ich stand teilweise bis fast zu den Knien im Wasser. Canyoning auf dem Camino! Wow! Logischerweise waren meine Schuhe völlig durchnässt. Sie sind es noch. Und ich hatte Sand oder Dreck in den Schuhen.

Langsam hörten aber auch diese Bäche wieder auf. Die Wege führten durch mythisch anmutende Wälder, deren Bäume ganz mit Flechten bewachsen waren.

Ich hatte schon lange nichts Warmes mehr im Magen. Darum beschloss ich, hier einzukehren. Die letzten 500 Meter waren wieder geteert. Und da geschah es. Ich knickte mit dem einen Fuss ein, flog auf das andere Knie und dieses ist nun aufgeschürft und blutet. Aber nichts Schlimmes zum Glück.

Es ist 12.40 Uhr. Muss nun warten, bis es um 13.00 Uhr etwas zu essen gibt.

Mit 15 Kilometern habe ich immerhin schon gut die Hälfte des heutigen Tagespensums von 29 Kilometern absolviert. Mal etwas Entspannung darf also auch mal sein.

*

Mein Handy drohte eben, nicht mehr zu funktionieren! Hat sich beim Hochfahren aufgehängt. Glücklicherweise geht es jetzt aber wieder. Hätte gerade noch gefehlt. Ich brauche es hier ja kaum. Aber von Mutter möchte ich schon über meine Nichte auf dem Laufenden gehalten werden können!

*

Das war und tat gut. Als Vorspeise gab es eine Platte mit Käse, Chorizo und Serrano-Schinken, als Hauptgang so etwas wie panierte Hamburger mit Fritten. Der unvermeidliche Fernseher lief zwar auch hier, spielte aber Rockballaden wie »Wind of Change« von den Scorpions und »Don't Cry« von Guns N' Roses. Hier könnte man bleiben! Ich ziehe jetzt aber weiter.

Chantada

Nach Verlassen der Casa Rural wanderte ich auf guten Wegen zu einer alten Kirche. An den Türen der Kirche waren Tiere abgebildet, welche ich eben noch gesehen hatte: Hunde, Kühe und Schafe. Leider waren die Türen verschlossen! Warum sind Türen von Kirchen rund um die Uhr verschlossen?!

Bei der Kirche war auch der 100-Kilometer-Stein – also jener Stein, der anzeigt, dass es noch 100 Kilometer bis Santiago sind.

Dann ging es in ein Tal mit Fluss, das auf beiden Seiten mit Rebbergen bewachsen war. Mir blieb genug Zeit, dieses Tal zu bewundern, denn ich konnte auf der einen Seite ab- und auf der anderen gleich wieder aufsteigen. Beim Aufstieg konnte ich noch etwas nachholen, auf das ich mich damals für den Weg von Santiago nach Finisterre gefreut hatte: das Gehen über Steinplatten, welche man in einen Bach gelegt hatte, damit man diesen überqueren konnte. Damals war dies sinnlos geworden, weil sie gleich daneben eine fette Brücke gebaut hatten. Aber hier war es immer noch notwendig! Natürlich waren die Steinplatten unter Wasser! Ich hätte also die Schuhe ausziehen sollen. Aber die waren ja noch nass von den Bach-Wegen. Also behielt ich sie an.

Weiter ging es hoch – und dann wieder runter! Und bald war ich in Chantada, wo ich zu trinken für die Nacht kaufte und dann ins Hotel Mogay einzog.

Andere Pilger habe ich wieder nicht gesehen.

Im Zimmer zog ich zuerst meine nassen Schuhe und Socken aus. Dann kehrte ich in mich und dachte noch einmal an meine Nichte, für welche ich diesen heutigen Tag gegangen war.

Tag 8

Rodeiro

Es ist 15.45 Uhr und ich bin hier mit einem Glas Rotwein im Meson O Guerra am Warten, bis ich ein Zimmer bekomme. Das Personal ist am Essen.

Der Regen, der mich gestern ganz in Ruhe liess, hat heute bereits beim Verlassen des Hotels heftig gewütet. Ich ging stundenlang im Regen. Bald spielte es keine Rolle mehr, dass meine Schuhe während der Nacht nicht richtig trocken wurden.

Bald begann der Aufstieg auf einen weiteren Hügel: den Monte Faro, der auch der geografischeMittelpunkt von Galicien ist. Es wurde kühler. Der Hügel ist doch über 1 000 Meter hoch. Der Regen ging in Schnee über. Nun schneite es. Zum ersten Mal ging ich in Spanien im Schnee.

Die Aussicht vom Berg konnte ich leider nicht geniessen. Es schneite und von unten kam Nebel auf.

Der Abstieg führte mich dann an vielen grossen Windrädern vorbei.

Nach etwa 25 Kilometern kam in Rio eine Bar – die erste des heutigen Tages. Ich ass ein Bocadillo mit Serrano-Schinken und wollte einen Stempel. Sie hatten keinen. Ein weiteres Problem für meine Compostela. Bin ja gespannt auf Santiago. Aber wenn es nicht sein soll, so soll es halt nicht sein. Schön wäre es aber schon. Mal schauen.

Eines zeigt aber das Problem mit den Stempeln. Auf

meinen Tagesetappen von durchschnittlich rund 30 Kilometern konnte ich bisher froh sein, wenn ich eine Bar antraf. Ob die Bar einen Stempel hatte oder nicht, war Glücksache. Allein das zeigt schon, dass ich hier auf einem besonderen Camino bin.

Dazu passt auch, dass ich heute wieder keinen Pilger sah.

Ich liess mir statt einem Stempel eine Unterschrift geben.

Nur zwei Kilometer weiter sitze ich nun wieder an einer Bar, habe kalte Füsse, schlürfe am Rotwein und warte, dass ich ein Zimmer bekomme …

*

Nun konnte ich mein Zimmer beziehen. Ist in einem anderen Gebäude. Warm und gut. Um 20.00 Uhr gibt es Nachtessen.

Habe eine SMS von meiner Mutter erhalten. Nichte wurde aus Spital entlassen. Hatte zum Glück keine Hirnblutungen. Ich hoffe, es geht gleich gut weiter!

Jetzt aber schnell unter die warme Dusche!

*

GefühltMitten in der Nacht (tatsächlich 19.50 Uhr) aufgestanden, um das Nachtessen einzunehmen. Als ich in das Restaurant kam, sass die Wirtin schlafend vor dem Fernseher. Es gab zuerst eine leckere Suppe, dann Schnitzel mit Pommes und Salat. Dazu wurde Rotwein serviert.

Tag 9

Lalin

Bin nach 20 Kilometern über Land in Lalin angekommen. Sitze jetzt in einem Café und trinke ein Spezi und esse Pommes-Chips.

Der Weg hierher führte mich wieder durch eine ländliche Gegend. Höhepunkt war die Überquerung einer überschwemmten Brücke. Ich musste gut 50 Meter durch Wasser waten und das bei einer Strömung eines grösseren Baches!

Der Regen kam und ging.

Andere Pilger sah ich wieder keine.

Hostal/Pulperia Naval do Espinzo

Der weitere Weg war ein Spazierweg im Park (wörtlich). Über mehrere Kilometer führte der Weg einem Bach entlang. Links und rechts des Baches waren Spazierwege. Einen Weg hätte ich nachts gehen können, denn es gab Laternen! Immer wieder führten kleine Brücken von einem Weg zum anderen – zum Glück war keine überschwemmt. Mit meinem grossen Rucksack war ich zwar etwas deplatziert. Aber es war angenehm zu gehen.

Dann – wahrscheinlich um mich daran zu erinnern, wo ich war – zweigte ein Schlammweg ab, dem ich folgen musste. Er war nicht lang. Bald war es wieder geteert. Ich wollte mich schon auf das Gehen auf Teer einstellen, da sah ich auf der anderen Strassenseite folgende Inschrift: »Pulperia 24h«! Da musste ich hin. Die Krake ist ausgezeichnet! Wollte mir das eigentlich in Santiago gönnen – finde aber, dass ich das heute mit der Überquerung der überschwemmten Brücke auch schon verdient habe. Lecker!

Alberque de A Laxe

Nach der Pulperia war alles geteert. Ich musste noch durch ein Industriegebiet wandern und eine Autobahn unterqueren. Dann war sie plötzlich da: die Pilgerherberge. Irgendwo zwischen der Pulperia und hier war ich also unbemerkt auf den Camino Sanabria (Via de la Plata) gestossen. Die 27 Kilometer von heute waren zurückgelegt. Der »reine« Camino de Invierno war vorbei. Ab jetzt war ich wieder auf einer bekannteren Route. Würde das den Charakter der Reise ändern? Für mich hat jeder Camino (natürlich auch abhängig von meinem Zustand) seinen eigenen Charakter. Der Camino Francés war der Weg der Völkerverständigung und für mich auch der Weg der frischen Liebe. Der Camino Inglés war der Weg der Vielseitigkeit auf relativ kurzer Strecke und für mich auch der Weg der erfüllten Liebe. Und der »reine« Camino de Invierno der Weg der Einsamkeit. Wahrscheinlich würde mir die Zeit fehlen, um für die Via de la Plata einen neuen Charakter zu finden. Ich plane ja, übermorgen in Santiago zu sein ...

Als ich die Herberge betrat, sah ich als Erstes zwei hübsche spanisch sprechende Frauen, die nur in Badetücher gekleidet waren! Es gab sie also noch, die anderen Pilger!

Ich bin bis jetzt alleine im Männerzimmer. Im Frauenzimmer sind die zwei erwähnten Pilgerinnen.

Beim Auspacken ist mir aus dem Rucksack ein Stein entgegengefallen. Darauf steht »leichtfüssig« und ein Smiley. Ich erinnere mich, dass wir bei der Pilgerbegleiterausbildung solche Steine jemand anderem zukommen lassen sollten. Ich dachte, ich hätte keinen bekommen! Freue mich, den jetzt hier zu finden! Werde es mir gut merken. Und der Stein bleibt in A Laxe im Land der Pilger. Vielleicht sieht ihn ja mal ein anderer deutschsprachiger Pilger und kann was damit anfangen.

Tag 10

Bandeira

Bin in einer gemütlichen Bar in Bandeira und warte auf meinen Hamburger.

Der Regen begleitet mich heute ständig.

Und ja, es ist anders, seit ich den »reinen« Invierno verlassen habe.

Die Wegmarkierung ist zwar nicht besser (sie war vorher schon sehr gut), aber viel dichter. Meine Reisebeschreibung spricht davon, dass der »trip clean sailing from A Laxe straight through to Santiago de Compostela« sei und beschreibt daher den weiteren Weg gar nicht mehr richtig (nur noch Angaben zu den Herbergen). Eine Pilgerinfrastruktur (wie Herbergen etc.) ist hier vorhanden und während man vorher nach einer Bar hungerte, werden sie hier immer wieder auf grossen Schildern (mit Spezialangeboten für Pilger) angepriesen. In Silleda wollte ich auch in eine solche Bar rein, wurde aber so barsch auf meine nassen Schuhe aufmerksam gemacht, dass ich diese benutzte, um das Lokal wieder in Richtung Nässe zu verlassen. Das hatten wir hier offensichtlich beide nicht nötig. Ich kaufte an einem Kiosk Gummibärchen und zog weiter.

Ponte Ulla

Nach insgesamt 30 Kilometern habe ich in Ponte Ulla Halt gemacht. Ich habe mich im O Cruceiro da Ulla einquartiert – dort hat man die Wahl zwischen Herbergs- und Hotelübernachtung. Als ich erfuhr, dass die Hotelübernachtung 20 Euro kostet, war die Wahl klar. Auf diesem Weg war es meist gar nicht möglich, in Pilgerherbergen zu übernachten. Ich war froh, wenn ich überhaupt eine Unterkunft fand. Jetzt muss ich nicht in der letzten Nacht den Pseudo-Realo-Pilger raushängen lassen! Ich übernachte im Hotel. Ich habe überhaupt nichts gegen Herbergen. Im Gegenteil: Sie sind cool! Man lernt dort Leute kennen. Aber dieser Weg war anders. Das war wahrscheinlich eine Art Old-School-Pilgern, wie das die Leute noch vor dem Rummel durch Coelho/Hape etc. (auch gegen sie habe ich nichts – ich kam durch Coelho überhaupt erst auf den Jakobsweg) machen mussten.

Freue mich auf die letzte Etappe morgen!

*

Hatte zum Nachtessen ein Schnitzelbrot.

*

Der letzte Tag der Wanderung – oder die Nacht davor – hat immer etwas Komisches. Ich freue mich aufs Ziel – und gleichzeitig fände ich es auch schön, wenn es noch weiterginge …

Tag 11

Susana Café-Bar Hermo

Da meine Route heute nur 20 Kilometer vorsah, habe ich einen kleinen Abstecher gemacht. Bei meinem ersten Aufenthalt in Santiago hatte ich vom Pico Sacro gehört. Ich hatte mich informiert und gesehen, dass er in der Nähe der Via de la Plata liegt. Trotz Regen und Nebel auf dem Gipfel (man sah ihn nicht) wollte ich ihn besteigen. So hätte ich doch immerhin diesen Berg (ich wollte ja ursprünglich auf den Mount Kenia) bestiegen Zwei Stunden liess ich mir Zeit, um auf den Berg zu steigen, die Kraft dort zu spüren und wieder zum ursprünglichen Ausgangspunkt auf dem Camino zurückzukehren. Immerhin besteigt man ja Berge, weil sie da sind (frei nach Mallory) und nicht um die Aussicht zu geniessen. Tatsächlich sah ich nur bei gelegentlichen Aufhellungen ganz kurz nach unten. Und ich war ganz alleine im Nebel. Doch dies war ein ganz spezieller Ort! Dieser Hügel mochte äusserlich nicht viel mehr als ein Steinhaufen sein. Doch mit unerklärlicher Gewissheit wurde mir klar: Dies ist ein heiliger Berg!

Das Bocadillo Trisquel hier schmeckt übrigens ausgezeichnet.

Angrois

Als ich auf die Brücke zuging, kam sie mir schon bekannt vor. Dann sah ich die vielen Muscheln, Blumen, Tücher etc. Die Brücke führt über das Zuggeleise. Ich kenne sie aus dem Fernsehen. Hier war das Unglück. Ich bin tief betroffen, setze mich auf eine Bank und bete für die Verunglückten und ihre Angehörigen.

Santiago

Santiago wird immer eine meiner Lieblingsstädte bleiben. Aber wenn man nach Tagen im Regen, nach durchschnittlich 30 Kilometern pro Tag, nach Tagen und Nächten der Einsamkeit nach Santiago kommt, ist das Gefühl einfach überwältigend. Als ich endlich vor der Kathedrale stand, hat es mich vor Freude fast aus den Socken gehauen. Es war ein berauschendes Gefühl!

Santiago – meine Stadt!

Im direkten Vergleich mit dem Anflug nach Santiago vor ca. zehn Tagen und aufgrund meiner Erfahrungen beim Einlaufen heute, aber auch nach dem Camino Francés und dem Camino Inglés muss ich sagen, dass Santiago zu Fuss zu erreichen einfach genialer ist. Mit dem Flugzeug kommt man in eine sehr schöne Stadt mit viel Tradition. Man erahnt etwas Heiliges in den Gassen, in der Kathedrale. Zu Fuss wurde ich heute von dieser Heiligkeit überschwemmt. Das Herz lief mir über, als ich auf den Platz vor der Kathedrale kam.

Das war ein Auf und Ab der Gefühle heute!

Ich habe mich in der Hospederia San Martin Pinario einquartiert, wo ich immer gleich nach einem Camino übernachte. Ich bleibe die nächsten vier Nächte hier. Ab morgen gibt es Frühstück!

*

Habe beschlossen, dieses Mal die Finisterre-Zigarre nach Santiago zu verlegen, und gehe sie jetzt rauchen. So kann ich sicher meine Gefühle gut verarbeiten (ich weiss ja zudem noch nicht, was mit Sarah sein wird …).

*

Das Rauchen tat gut. Konnte dabei auch nochmals in die einmalige Atmosphäre von Santiago eintauchen.

*

Die Compostela habe ich problemlos erhalten.

*

Die Achterbahn der Gefühle geht weiter. Sarah hat mir eine SMS gesendet, dass sie mich am Samstag nicht am Flughafen abholen kann. Meine Mutter wird mich abholen. Heisst das was?

*

Santiago hat eine beruhigende Wirkung auf mich.

*

Habe mir zum Nachtessen Jamon Iberico gegönnt! Ausgezeichnet.

*

Meiner Nichte geht es gut. Aber sie muss sich noch rund zwei Wochen schonen.

Tag 12

Santiago

Ein Tag zum Ausruhen.

Am Morgen schlief ich aus, ging dann zum Frühstück und gab meine Wäsche zum Waschen. Bis jetzt war das Waschen der Wäsche mit einer Waschmaschine nicht möglich gewesen. Ich stank Meilen gegen den Wind! Das ist jetzt zum Glück behoben!

Dann bummelte ich durch die Stadt, trank mal da eine dicke Schokolade und ass mal da ein Stück Santiago-Kuchen.

Um 12.00 Uhr ging ich zur Pilgermesse. Wieder konnte ich ganz vorne sitzen. Die Messe wurde diesmal nicht vom Erzbischof gehalten.

Dann besuchte ich das Museum der Kathedrale. Imponiert haben mir vor allem die grandiosen Räume der Kathedrale, welche ich bisher noch nicht gesehen hatte wie der Kreuzgang und die Reliquienkapelle.

Zwischendurch brachte ich mich auch wieder auf Facebook auf den neusten Stand – ich hatte ja etwa zehn Tage ohne Internet hinter mir und war zudem ganz zittrig wegen der Nachricht gestern von Sarah. Ich mag mich noch an Tage erinnern, da lebten wir ohne Internet und Handy …

Nachher ging ich nochmals in die Kathedrale. Die Porta Gloria war für mich das erste Mal frei einsehbar. Nach dem Camino Francés war sie noch ganz gesperrt, nach dem Camino Inglés nur gegen Entgelt einsehbar. Man konnte sie aber noch immer nicht berühren. Zwei Mal stieg ich zum silbernen Sarg runter, entzündete da Kerzen (das eine Mal für meine Nichte, das andere Mal für Sarah), sprach ein Gebet und ging noch zur Statue des Santiago hoch und umarmte sie.

Trotz des auch heute sich fortsetzenden Dauerregens nahm ich an einer englischsprachigen Führung auf dem Dach der Kathedrale teil.

Meine Schulter, die in den vergangenen Tagen gegen den Rucksack protestiert hat, schmerzt weiterhin. Das wird aber schon wieder!

Ich lege mich jetzt noch eine Runde aufs Ohr.

*

Sarah hat mir geschrieben. Ich habe sie gedrängt, mir zu schreiben, ob ich sie wenigstens am Sonntag sehen werde. Sie schrieb, dass wir uns am Sonntag sehen würden und dass sie mir da was zu sagen habe. Ich schrieb: »Verlässt du mich?« Da antwortete sie, dass es ihr unendlich leidtue und dass sie nur noch mit mir befreundet sein wolle, aber nicht mehr meine Freundin!

Ich sitze tränenüberströmt hier. Es schmerzt so sehr!

Meine grosse Liebe!

Gut, dass ich in Santiago bin – sonst weiss ich nicht, wie ich das aushalten würde!

Herr, gib mir die Kraft, das durchzustehen! Und bitte lass mich am Sonntag die richtigen Worte finden.

Sie hat so viel Gutes für mich getan. Ich möchte vor allem dankbar an die Zeit mit ihr zurückdenken.

An den Camino Francés. Den Camino Inglés. Meinen ersten Badeurlaub überhaupt mit ihr in Italien …

Die Tränen fliessen.

*

Ging mir eine Zigarre kaufen und habe sie geraucht. Wenn das kein besonderer Tag ist, was dann?

Irgendwie wird mir dieser Camino der Einsamkeit (bei dem ich auch schon manches befürchtete) helfen, irgendwann über das Ganze hinwegzukommen.

Essen mag ich jetzt nichts.

Scheisse, tut das weh!

Tag 13

Santiago

Heute Morgen setzte ich mich in den Bus nach Finisterre. Die Fahrt dauerte fast drei Stunden. Mir kamen immer wieder die Tränen hoch.

In Finisterre machte ich mich auf zum Faro. An der Pilgerskulptur vorbei ging ich ans Ende der Welt.

Ich hätte nie gedacht, dass der 0-Kilometer-Stein einmal diese Bedeutung für mich haben würde. »Game over«, wie es auf meinem T-Shirt steht, das ich nach dem Camino Inglés hier gekauft habe.

Ich setzte mich ins Café beim Leuchtturm, trank eine Cola und schrieb Sarah eine Karte.

Dann ging ich raus. In der Nähe des Kreuzes sass ich auf einem Stein und betrachtete das Meer.

Ich dachte an all die schönen Momente, die ich hier mit Sarah gehabt hatte.

Ich dachte daran, wie wir nach unserer Pilgerreise von Saint-Jean-Pied-de-Port aus noch kurz vor Finisterre an einem kleinen Strand Pause einlegten und badeten. Spätestens da dachte ich, dass unsere Liebe von einer höheren Gewalt bestimmt war. Wir wohnten nicht weit weg voneinander, hatten uns aber nie gesehen. Ich hatte vor über zehn Jahren vom Camino gehört, war begeistert, hatte mich aber erst da auf den Weg gemacht. Sarah ging sehr spontan los. Nach meinem ersten Pilgertag sah ich sie. Und war fasziniert. Ab dem dritten Tag pilgerten wir zusammen und verliebten uns. Wir gingen zusammen ans Ende der Welt. Kann das Zufall sein?

Ich erinnerte mich, wie wir hier beim Leuchtturm bis ganz unten zum Meer herabgeklettert waren.

Ich erinnerte mich, wie wir dann zusammen noch nach Muxia pilgerten – zu den faszinierenden Steinen und zur Kirche, die jetzt durch einen Blitzschlag in Asche liegt und in den letzten Tagen von harten Wellen gebeutelt wurde. Wie mein Herz!

Dann nach dem Camino Inglés haben wir zwei Nächte im Hotel hier beim Leuchtturm verbracht.

Wir sind hier bei einer Bootstour unten auf dem Meer Delphinen begegnet.

Wir haben hier mehrmals gemeinsam Sonnenuntergänge bestaunt.

Alles Sternstunden meines Lebens!

Ich dachte aber auch an all die anderen schönen Momente, die wir zusammen erleben durften: auf dem Camino Francés, dem Camino Inglés, in Italien, bei ihr im Schwarzwald, bei mir im Schwarzbubenland, in Freiburg (zum Beispiel am Toten-Hosen-Konzert), im Wallis, in Basel, in Engelberg am Klettersteig …

Sarah hat die Tore meines Herzens geöffnet. Dafür werde ich ihr ewig dankbar bleiben. Ich hoffe, wir werden wenigstens sehr gute Freunde bleiben.

Und auch der Camino hat mir vieles gegeben. Er hat mir die Liebe gezeigt und half mir jetzt bei den ersten Schritten der Bewältigung. Ich werde ihm treu bleiben.

Dann machte ich mich wieder auf. Diesmal ging ich über den Hügel nach unten. Ich machte noch einen Abstecher zum Strand, den man vom Hügel aus auf der linken Seite sieht. Da war ich noch nie. Ich muss jetzt wieder neue Wege finden.

Da ich keinen Appetit hatte, stieg ich wieder in den Bus nach Santiago.

Auch die Sonne musste heute am Kap ohne mich untergehen. Die Wolken und der Regen (oder waren es Tränen?) hätten mich den Sonnenuntergang sowieso nicht geniessen lassen.

*

War noch in der Messe um 19.30 Uhr und habe danach von diesen künstlichen Kerzen angezündet. Gab mir etwas Trost.

Tag 14

Santiago

Am Morgen: Habe eben mit Mutter telefoniert wegen Abholen am Flughafen und so. Meiner Nichte geht es besser. Mutter merkte, dass es mir nicht gut ging und hat auch erraten (wahrscheinlich weil sie mich abholen muss), dass Sarah mich verlassen hat. Sie fragte, ob wir Streit hatten. Wir hatten in der ganzen Zeit nie Streit! Musste am Telefon weinen. Tat trotzdem gut, es einem anderen Menschen erzählen zu können.

Ich fasse es nicht! Wir hatten wirklich nie Streit! Was habe ich denn falsch gemacht?!

Wenn ich das nicht hier in Santiago erfahren hätte und auf dem Camino de Invierno eine Vorahnung gehabt und Vorarbeit für die Bewältigung geleistet hätte, dann hätte ich das nicht ausgehalten!

*

Habe Sarah noch ein Geschenk gekauft. Ich hoffe, es gefällt ihr.

*

War das vorläufig letzte Mal in der Pilgermesse. Ohne Erzbischof und auch (wie an jeder Messe dieser Pilgerreise) ohne Weihrauch. War trotzdem schön und irgendwie tröstend.

*

Mein Magen, der heute Morgen noch rebelliert hat, schreit nach Essen.

*

Ich habe eine Pilzpfanne und dann nochmals Pulpo gegessen.

*

Jetzt heisst es langsam wieder Abschied von Santiago nehmen.

*

Ich bummelte nochmals durch die Stadt, kaufte Souvenirs, surfte im Internet, sass lange in der Kathedrale.
Was mir heute nicht aus dem Kopf geht: Soll ich es machen wie meine verehrten Vorbilder? Soll ich nach Hause gehen, dort alles in Ordnung bringen und dann auf unbestimmte Zeit aufbrechen? Das Handy wegschmeissen, alle Brücken niederbrennen. Von einem Ort zum anderen ziehen. Zunächst wieder von zu Hause nach

Santiago, dann nach Finisterre, Jerusalem und um den Kailash nach Rom. Und weiter, immer weiter. Zu Hause wäre ich jeweils da, wo ich am Abend einschlafe. Ich würde weiter gehen, weiter, weiter …

Und irgendwann wäre ich alle Alltagssorgen los. Ich müsste mit einer Reisschüssel essen sammeln gehen oder auch mal Teller waschen. Aber abgesehen davon wäre meine grösste Sorge, dass meine Schulter immer noch schmerzt.

Und irgendwann würde ich sie alle lieben. Ich würde sie zwar nur einen Tag sehen oder mal eine Woche, einen Monat, falls sie auch pilgerten, aber ich würde sie alle lieben, denn sie waren Sternenkinder, Kinder Gottes.

Und irgendwann würde ich dann eins sein mit allem, mit Vögeln reden und über Wasser gehen.

Das wäre doch jetzt ein Ziel!

Meine Helden haben so gelebt.

Aber ich glaube, für mich heute wäre das nur eine Flucht. Ich muss versuchen, einen spirituellen Weg zu gehen und normal in der Gesellschaft zu leben. Das ist die Herausforderung, die mir das heutige Leben stellt.

Oder ist das nur eine Ausrede?

*

Habe mit Sarah gechattet. Meine Gefühle drehen durch! Aber ich bin jetzt guter Hoffnung, dass wir wenigstens sehr gute Freunde bleiben können.